D0913063

Bach in context

Fürchte dich nicht

Cantatas, motet and organ works by Bach,
performed in their liturgical-musical context

Cantates, motet en orgelwerken van Bach,
uitgevoerd in hun liturgisch-muzikale context

Kantaten, Motette und Orgelwerke von Bach,
aufgeführt in ihrem liturgisch-muzikale Kontext

Musica	Gesualdo
Amphion	Consort
	Amsterdam

Lyrone RECORDS

2 ———

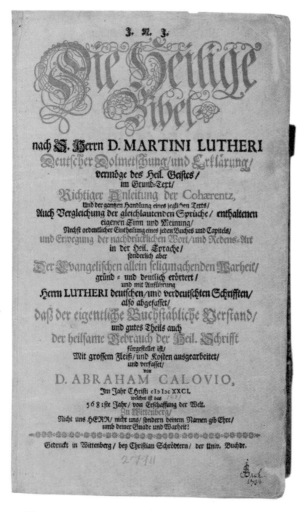

J. N. J.

Die Heilige Bibel

nach S. Herrn D. MARTINI LUTHERI

Deutscher Dolmetschung/und Erklärung/
vermöge des Heil. Geistes/
im Grund-Text/

Richtiger Anleitung der Cohærentz,
und der gantzen Handlung eines ieglichen Texts/
Auch Vergleichung der gleichlautenden Sprüche/ enthaltenen
eigenen Sinn und Meinung/
Nechst ordentlicher Eintheilung eines jeden Buches und Capitels/
und Erwegung der nachdrücklichen Wort/und Redens-Art
in der Heil. Sprache/
sonderlich aber

Der Evangelischen allein seligmachenden Warheit/
gründ- und deutlich erörtert/
und mit Anführung
Herrn LUTHERI deutschen/und verdeutschten Schrifften/
also abgefasset/
daß der eigentliche Buchstäbliche Verstand/
und gutes Theils auch
der heilsame Gebrauch der Heil. Schrifft
fürgestellet ist/
Mit grossem Fleiß/und Kosten ausgearbeitet/
und verfasset/
von

D. ABRAHAM CALOVIO,

Im Jahr Christi cIↄ Iↄc XXCI.
welches ist das
5 6 8 1ste Jahr/ von Erschaffung der Welt.
In Wittenberg/
Nicht uns HERR/ nicht uns/ sondern deinem Namen gib Ehre/
umb deiner Gnade und Warheit!

Gedruckt in Wittenberg/ bey Christian Schrödtern/ der Univ. Buchdr.

2791

Bach
1733

Title page of Bach's Calov bible. In the bottom right his signature can clearly be seen.

Titelpagina van Bachs exemplaar van de Caloviusbijbel. Rechts onderaan is Bachs handtekening duidelijk zichtbaar.

Titelseite von Bachs Caloviusbibel. Rechts unten ist sein Unterschrift deutlich sichtbar.

netet / und singe / als
Stimme zu loben und
HErrn. Und da die
ub von den Dromme-
und andern Seitenspie-
(würcklichen) loben des
r gütig ist / und seine
ewig wäret / (Psalm.
da ward das Hauß

Note by Bach in the margin of his Calov bible at 2 Chronicles 5:13:
In devout music God is at all times present with his grace.

From Bach's Calov bible, made available by Van Wijnen Publisher, that is currently preparing a facsimile reissue of this remarkable Bach document, see www.bachbible.com.

Notitie van Bach in de kantlijn van zijn Calovius bijbel bij 2 Kronieken 5:13:
In toegewijde muziek is God altijd met zijn genade aanwezig.

Afkomstig uit de Calov-Bijbel van J.S. Bach, beschikbaar gesteld door Uitgeverij Van Wijnen, die een facsimile-heruitgave van dit bijzondere Bach-document voorbereidt. Zie www.bachbijbel.nl

Anmerkung von Bach in der Marge seiner Calov-Bibel bei 2 Chroniken 5:13:
Bey einer andächtigen Musique ist allezeit Gott mit seiner Gnadengegenwart.

Aus Bachs Calov-Bibel, zur Verfügung gestellt von Van Wijnen Verlag, der eine Neuausgabe von diesem besonderen Bach-Dokument vorbereitet, sehen Sie www.bachbible.com.

Bach in Context

Bach in Context - a long-term collaboration between Musica Amphion and Gesualdo Consort Amsterdam - sheds new light on Bach's magnificent repertoire: cantatas, motets and organ works that are related in liturgical-musical way are performed together in a quasi-liturgical setting. By employing the church-organ as continuo instrument and usually a one-per-part vocal setting, Bach's sound picture and performing practice is approached as closely as possible. In this way the audience is offered a new viewpoint on this beloved repertoire.

The Bach in Context programmes are performed in concert at various venues, among which the resident Bach in Context venues Groningen, Martinikerk (in collaboration with Stichting Martinikerk), Maassluis, Grote Kerk (in collaboration with Muziek tussen Maas en Sluis), Amsterdam, Waalse Kerk.

More details, news, interviews, pictures and videos can be found at www.bachincontext.nl.

Content

Bach Contextueel

In Bach Contextueel laten Musica Amphion en het Gesualdo Consort Amsterdam in een meerjarige samenwerking nieuw licht schijnen op het meesterlijke oeuvre van Johann Sebastian Bach: cantates, motetten en orgelwerken die een muzikaal-liturgische samenhang hebben, worden in een quasi-liturgisch verband samengebracht. Door het kerkorgel als continuo-instrument te gebruiken en de koren en koralen veelal enkelvoudig te bezetten, wordt de klankwereld van Bach zo dicht mogelijk benaderd. Dit biedt het publiek een nieuwe invalshoek op dit geliefde repertoire.

De programma's van Bach Contextueel worden op diverse plaatsen in concert uitgevoerd, waaronder de vaste speelplaatsen Groningen, Martinikerk (i.s.m. Stichting Martinikerk), Maassluis, Grote Kerk (i.s.m. Muziek tussen Maas en Sluis), Amsterdam, Waalse Kerk.

Meer informatie, interviews, nieuws, foto's en videobeelden vindt u op www.bachcontextueel.nl.

6

Inhoudsopgave

Bach im Kontext

In Bach im Kontext betrachten Musica Amphion und das Gesualdo Consort Amsterdam in einer mehrjährigen Zusammenarbeit Johann Sebastian Bachs großartiges Schaffen in einem neuen Licht: Kantaten, Motetten und Orgelwerke die eine gemeinsame musikalisch-liturgische Zusammenhang haben, werden in einem gleichsam liturgischen Rahmen verbunden. Durch den Einsatz der Orgel als Continuo-Instrument und eine meist solistische Besetzung der Chöre und Choräle findet eine größtmögliche Annäherung an Bachs Klangwelt statt. Das bietet dem Publikum einen neuen Blickwinkel auf das so beliebte Repertoire.

Die Programme von Bach im Kontext werden an diversen Orten aufgeführt, darunter sind die festen Auftrittsorte Martinikerk Groningen (organisiert mit der Stichting Martinikerk), Grote Kerk Maassluis (organisiert mit Muziek tussen Maas en Sluis) und Waalse Kerk Amsterdam.

Weitere Informationen, Interviews, Neuigkeiten, Fotos und Videoaufnahmen finden Sie auf www.bachincontext.nl.

———— 7

Inhaltsangabe

Programme | Programma | Programm

Johann Sebastian Bach (1685-1750)

Präludium in G-Dur BWV 568

Kantate *Wer nur den Lieben Gott lässt walten* BWV 93

Motette *Fürchte dich nicht* BWV 228

Kantate *Schau, lieber Gott, wie meine Feind* BWV 153

Orgelchoral *Wer nur den lieben Gott lässt walten* BWV 647

Kantate *Siehe, ich will viel Fischer aussenden* BWV 88

Passacaglia BWV 582

Be not afraid

Dr. Jan Smelik

On hearing the words 'Fürchte dich nicht', lovers of Johann Sebastian Bach's Music would immediately think of the motet of the same name (BWV 228). The two passages taken from Isaiah (41:10 and 43:1) quoted in the motet text call on us to *fear not!* This type of exhortation appears about 60 times in the bible, and always comes from the mouths of angels and prophets, speaking on God's behalf, describing great prospects, or announcing important events.

Sixteenth and seventeenth century Lutheran biblical commentators argued that 'Fürchte dich nicht' also meant 'be comforted, and remain steadfast in your faith and belief'. Reformer Martin Luther wrote that the passage from Isaiah 41:10 calling on us to *be not afraid*, also meant ' ... for we are not alone. Just as we are weak, are actually nothing at all; so is God everything. [...] it is when we fail to take comfort from the notion that we are not alone, that is when we are given over to corruption.'[1]

At this place, verse 41 from Isaiah, in the famous six-volume bible commentary by the Lutheran theologian Abraham Calovius – a copy of which Bach obtained in 1733 and used extensively – is written: 'Fürchte dich nicht / (sey getrost / und verharre im Vertrauen)' ['be not afraid / (comfort ye / and persevere in your faith)']

The motet mentioned above is not the only Bach work that quotes the Isaiah 41 verse 10 text: it is also used in the cantata 'Schau, lieber Gott, wie meine Feind' (BWV 153). A *be not afraid* passage also appears in Luke 5:10, where Jesus says to his disciple Simon Peter: *Fear not; from henceforth thou shalt catch men.* In Bach's time, this Gospel story was read on the fifth Sunday after Trinity (the sixth Sunday after Pentecost).

Two cantatas composed for this Sunday by the Leipzig cantor have survived: 'Siehe, ich will viel Fischer aussenden' (BWV 88) and 'Wer nur den lieben Gott lässt walten' (BWV 93). In the first of these the words from Luke 5:10 are quoted verbatim. The latter cantata is based on the chorale 'Wer nur den lieben Gott lässt walten' by Georg Neumark (1621-1681), and deals with the notions of comfort and faith in God connected with the words *Fear not!*

1. Quoted from Kurze Auslegung über den Propheten Jesaiam: ('weil wir nicht alleine sind. Denn ob wir wol schwach sind, ja gar nichts; so ist doch GOtt alles. [...] wenn wir uns nicht mit dergleichen Trost, daß wir nicht allein sind, aufrichten, so werden wir in der Verfluchung unterliegen')

In the cantata 'Siehe, ich will viel Fischer aussenden' (BWV 88), Bach expresses persevering in one's faith – as the call to *be not afraid!* implies – by setting the words *fürchte dich nicht* to a (quasi) basso ostinato accompaniment: a short, 8-bar melody, repeatedly played in the bass (ostinato literally means obstinate, immutable). This also makes it immediately clear why the *Passacaglia* (BWV 582) – Bach's only basso-ostinato organ composition – has been included in this recording.

Prelude in G *(BWV 568)*
The often-played Preludium in G (BWV 568) has not survived in autograph, and it is even uncertain that Bach himself composed it. It is a work from his youth, according to Bach-biographer Philipp Spitta, where the emphasis lies not so much on thematic development, but on the 'unfettering of a thundering stream of sound, out of which the impetuous soul of its young creator exultantly emerges, and re-submerges.'

A typical feature of the work is that rapid passages in the soprano or bass, sometimes accompanied chordally, result in two-part semi-quaver passages above a pedal note. In this way the prelude is similar to the pedal-note toccatas cultivated in southern Germany.

Cantata *Wer nur den lieben Gott lässt walten (BWV 93)*
The cantata 'Wer nur den lieben Gott lässt walten' was first performed on Sunday, July 9th, 1724 during the 7.00 am service in Leipzig's Thomaskirche. The only material to have survived from that performance is the continuo part of the first four movements. The cantata as we now know it is based on parts from a performance in the 1730s, so we may never know if Bach made changes to the cantata from the original performance.

Whatever the case may be, Sunday, July 9th, 1724 was the fifth Sunday after Trinity, and so according to the liturgical schedule, Luke 5:1-11 would have been read. This section of the bible relates the miraculous fishing catch: the disciples had fished the whole night on the lake of Gennesaret with no success. Jesus tells them to cast their nets once more, resulting in an unprecedented catch. Simon Peter remarks that he is not worthy to remain in the Lord's presence. Jesus calms him, saying: 'Fear not; from henceforth thou shalt catch men.'

Johann Olearius wrote in his five-part Biblische Erklärung (Biblical Explanations) of 1678-81, a copy of which Bach owned, that the chief point of this bible story is 'that we should acknowledge the majesty of Jesus Christ / and put our faith in him alone.' As well as in the sermon, this message would have been brought over in the reading from the Peter I, 3:8-15. This section ends with the call not to fear our enemies: [14:] But and if ye suffer for righteousness' sake, happy are ye: and be not afraid of their terror, neither be troubled; [15:] But sanctify the Lord God in your hearts: ...[2]

As was common practice, the chorales used in the service were connected to the theme of the Gospel reading. One of the hymns for the fifth Sunday after Trinity was 'Wer nur den lieben Gott lässt walten' by Georg Neumark. Its seven verses are best summarised by its original title: 'Trostlied. Daß Gott einen Jeglichen zu seiner Zeit versorgen und erhalten wil.' ('Song of Comfort. That God will care for, and uphold, each of us in his own time.')

Bach chose this hymn as the basis for his 1724 cantata of the same name partly due to a decision he had taken five weeks previous: to compose every week a chorale cantata, that is, a cantata built around a particular chorale and its melody. It seems that he worked together with a single librettist for the texts for these cantatas, possibly Andreas Stübel, the *conrector emeritus* of the Leipzig Thomasschule.

The seven movements of cantata 93 are based on the seven verses of Neumark's hymn. Movements two to six are paraphrases of the hymn-text, or a combination of quotes and free verse. Bach used the original texts of verses one and seven for the outer movements. The chorale melody is used in one way or another in each of the movements. In movements one, four and seven the entire melody is used, while in the other movements it is quoted fragmentarily, and in a thoroughly worked form.

Motet *Fürchte dich nicht (BWV 228)*
We don't know when, or for what occasion, Bach composed his double motet 'Fürchte dich nicht'. Bernard Friedrich Richter linked the existence of the motet to the funeral of Susanne Sophia Winckler, the wife of Christoph George Winckler, a leading trader, councillor and City Father in Leipzig, on February 4th, 1724. Richter found a note in the *Annales Lipsiensis* recording that the preacher D. Deylingen had delivered a funeral sermon on Isaiah 43:1-5 in the Nikolaikirche ten days after Frau Winckler's death. Part of the first verse of this chapter also appears in Bach's motet, making it reasonable (in Richter's view) to assume that the motet was composed for this occasion.

2. From King James Version, 1611. Luther's 1545 translation is: 'Und ob jr auch leidet umb Gerechtigkeit willen / so seid jr doch selig. Fürchtet euch aber fur jrem trotzen nicht / und erschreckt nicht / Heiliget aber Gott den HERRN in eurem hertzen'

Richter's link remains, however, hypothetical, particularly given that Isaiah 43:1 is very often used for baptisms and funerals. The fact that Bach and his wife were the Godparents to two of the Wincklers' daughters, adds no real weight to the theory.

It has been suggested that, due to compositional similarities with the motet 'Ich lasse dich nicht' (BWV Anh. 159), which was definitely composed in 1712/13, 'Fürchte dich nicht' was also written during that period. But it is not at all certain that Bach is indeed the composer of 'Ich lasse dich nicht', and, moreover, 'Fürchte dich nicht' also shares some musical and stylistic aspects with motets that Bach certainly composed during his Leipzig period (1723-50).

The motet falls into two sections, both precisely 77 bars long. The first part is for double-choir, and contains a setting of the words from Isaiah 43:10. The second part is for a single four-part choir, on a text from Isaiah 43:1, as well as two verses from the hymn 'Warum sollt ich mich denn grämen' ('Why should I grieve for myself?'), by the most important of the seventeenth century Lutheran lyricists, Paul Gerhardt (1607-1676).

Bach has divided the text of the first part into three sections:
a – 'Fürchte dich nicht, ich bin bei dir' ('be not afraid, for I am with you') (bars 1-10). It might be expected that Bach would have set the call to be not afraid to cheerful, joyful music. On the contrary: the sopranos, altos and tenors from both choirs express nervousness and fear, particularly through the use of syncopated accents. It is worth noting that the basses from both choirs recite the words of the first four bars on two different pitches: first on A, afterwards on the dominant E. Bach conforms here to the tradition of assigning the voice of God *(vox Dei)* to the bass, the lowest line of the choir.
b – 'weiche nicht, denn ich bin dein Gott' ('Do not falter, for I am your God') (bars 10-28). The word 'weiche' is set, particularly in the soprano line, by assigning two notes to the first syllable, while the note for the second syllable is the same as the first note. Just as in the case of 'fürchte dich nicht', the word 'nicht' is often highlighted by the singing of this word by the sopranos at a higher pitch than that of the preceding note.
c – 'Ich stärke dich, ich helfe dir auch, ich erhalte dich durch die rechte Hand meiner Gerechtigkeit' ('I will strengthen you, and also help you, I will sustain you with the right hand of my justice') (bars 29-73). Bach doubtless consulted the bible-commentary of Calovius when composing this motet. He will have read there that the text 'Ich stärke dich, ich helfe dir auch, ich erhalte dich durch die rechte Hand meiner Gerechtigkeit' must be read in the light of the Trinity. According to Lutheran exegisis, the words 'Ich stärke dich' refer principally to God the Father, 'ich helfe dir' to God the Son, and 'ich erhalte

dich' to God the Holy Ghost. This reading would partly explain why Bach treats the three elements from the biblical text as a (triple) unity. His setting of the phrase 'ich stärke dich' to powerful, lofty chords in a dotted rhythm can be seen as an expression of the omnipotence of God the Father.

Also worthy of note in this section is that the sopranos and later the basses, stress and illustrate the word 'erhalten' (sustain) with long, sustained notes, followed by a melisma. As the piece progresses, the block-chords on 'ich stärke dich' and 'ich helfe dich' are gradually replaced by a dense, eight-part polyphony. This section comes to an abrupt halt, followed by a chordal passage on the words 'fürchte dich nicht'. Notable, again, is Bach's expressive setting of the word 'fear', particularly through the use of dissonant chords.

The passage is a transition to the second part, where Bach sets the text from Isaiah 43:1. Just as in Isaiah 41:10, this section begins with the words 'fürchte dich nicht'. But in contrast to the first part, where Bach divides the setting into three sections in accordance with the text structure, this second part forms one unified entity. The basses, tenors and altos weave together a fugal texture on the words 'denn ich habe dich erlöset, du bist mein, ich habe dich bei deinem Namen gerufen' ('For I have redeemed you; I have called you by name, you are mine'). It is remarkable that the words 'ich habe dich erlöset' are set to a repeated four-note chromatic descent (G, F#, F, E | A, G#, G, F#). This mournful line seems to conflict with the word 'erlöset' (redeem). But in the Calov bible, this passage is linked to the notion that redemption was achieved thanks to Christ's blood ('Löse-Geld meines Blutes) (ransom of my blood): Bach is referring to Christ's crucifixion with the descending chromatic line.

One might expect the sopranos to sing the same text and music when they enter after the lower three voices have been established. Yet they don't: instead they sing the eleventh verse of the hymn 'Warum sollt ich mich denn grämen', which its author Paul Gerhardt originally entitled 'Christliches Freudenlied' (Christian Song of Joy). In the eleventh verse, the faithful sing of their deep, mystical union with Jesus Christ, for which union he shed his blood and gave his life. When this verse is completed, a repeat of the fugato is presented, with no audible break. Here the sopranos sing the twelfth verse of Gerhardt's hymn, dealing with the *unio mystica*.

The last four bars of the motet suddenly return to its opening words and music: 'Fürchte dich nicht'. But immediately following this are the words: 'du bist mein': in this way the double-choir coda forms a short and powerful summary of the whole piece.

Cantata *Schau, lieber Gott, wie meine Feind (BWV 153)*
This cantata is constructed as a small-scale spiritual drama, a dialogue in which questions in the first half are answered in the second. It is noteworthy that Bach employs only modest musical means: the choral role is limited to three simple chorales, and the instrumental setting is for strings and continuo alone. The reason for this is not – as is sometimes argued – that it was extremely cold in the unheated Nikolaikirche on January 2nd, 1724, and that Bach had therefore composed a shorter cantata. There is, however, another reason: the singers and instrumentalists had already performed a demanding programme since Christmas day, 1723, including three cantatas, the Magnificat (BWV 243a), and the Sanctus (BWV 238). Furthermore, Bach knew that an extensive cantata would be rehearsed and performed over the following four days ('Sie werden aus Saba alle kommen' (BWV 65)).

The story of Joseph and Mary's flight with the baby Jesus to Egypt (Matthew 2:13-23) was central to the service on the first Sunday of the new year. An epistle reading from Peter I, 4:12-19, was also read, with the message that the more a christian shares in Christ's suffering, the more he shall rejoice.

Choral Prelude *Wer nur den lieben Gott lässt walten (BWV 647)*
Towards the end of his life, probably between August 1748 and July 1750, Bach had a number of chorale arrangements for organ printed by Johann Georf Schübler in Zella (Thüringen): *Sechs Chorale von verschiedener Art*. Most of the compositions in this collection, often known as the *Schübler-Chorales* (BWV 645-650), are organ versions of movements from his cantatas. One of these is an arrangement of the fourth movement from the cantata 'Wer nur den lieben Gott lässt walten' (BWV 93), namely the duet 'Er kennt die rechten Freudenstunden' for soprano and alto, in which the strings play the chorale melody. The two voice-parts and continuo are played on the manuals in the organ version, while the chorale melody is assigned to the pedals.

Although the piece for organ is known as 'Wer nur den lieben Gott lässt walten', Bach set not the first, but the fourth verse. In both that movement of the cantata and the version for organ, the lowest voice, particularly, is dominated by the *figura corta*, (a long-short-short rhythm), often employed by Bach to represent joy. Albert Schweitzer has called this figure the 'rhythm of joy'. In this case, its application is employed to express the word 'Freudenstunden' (time of joy).

Cantata *Siehe, ich will viel Fischer aussenden BWV 88*
The cantata 'Siehe, ich will viel Fischer aussenden' was composed for the

In case you don't have access to an internet connection,
please order a free copy of the bonus track on a CD.
Fill out the form below and send it to us by post.

Mr. ☐ Mrs. ☐

Initials:

Surname:

Address:

City:

Post code:

Country:

e-mail address:

☐ Please send the Bach in Context newsletter to me

Will you send us an e-mail?

We'd love to learn in what cities, countries and
continents our CD-books end up. Also, feel free to send
us your questions or feedback. We like to be in touch.
Please mail us at info@musica-amphion.nl.

Bach
in
context

Musica Amphion
P.O. Box 3017
6802 DA Arnhem
The Netherlands

Bach in context
Bonus Section

Thank you very much for purchasing our CD-book.

As a token of our appreciation we'd like to offer you free access to the Bonus Section of our website. It contains extras on our Bach in Context project.

YOUR PASSWORD: 2TQQ4F
---

1 Please visit www.bachincontext.nl
2 Logon using your e-mail address and the password above

The steadily growing bonus section includes additional information, bonus tracks, video's and pictures, special offers and much more.

Yours sincerely,
Musica Amphion &
Gesualdo Consort Amsterdam

Bach in context

gesualdo
consort
amsterdam

fifth Sunday after Trinity. Information about the theme and readings belonging to this day have been discussed above in the notes to cantata BWV 93. Their shared liturgical purpose explains why both cantatas end with the final verse of the hymn 'Wer nur den lieben Gott lässt walten'.

Cantata 88 was first performed during the service in Leipzig's Nikolaikirche on July 21st, 1726. It was in this year that Bach performed 18 cantatas by Johann Ludwig Bach (1677-1731), Kapellmeister in Meiningen. These cantatas have an unusual structure: they consist of two parts, whereby the first part opens with a text from the Old Testament, followed by a recitative and aria, while the second part opens with a text from the New Testament, followed by an aria, recitative and final chorale. More than seven cantatas composed by Bach in 1726 have this same structure. One of these is cantata 88, the second part of which was to be performed after the sermon, or during the communion.

It is worth noting that, for this cantata, instead of opening with a choral-movement, Bach begins with a bass aria. The text is from Jeremiah 16:16: 'Siehe, ich will viel Fischer aussenden, spricht der Herr, die sollen fischen' ('See, I will send out many fishermen, says the Lord, who shall fish them'). Bach will have set these words, said by God himself, for bass, to represent the *vox Dei*. He may also have been drawing a parallel with the opening of the second part, taken from Luke 5:10: 'Jesus sprach zu Simon: Fürchte dich nicht; denn von nun an wirst du Menschen fahen' ('Jesus said to Simon: Don't be afraid; from now on you will catch men.'). Here, the words from 'Fürchte' onwards are also set for the bass.

Passacaglia *BWV 582*
The Passacaglia form has its origins in early seventeenth century Spain, beginning as short instrumental improvisations between the verses of a song, and further developing into contrapuntal variations above a continuously repeated bass.

We know for certain that the Passacaglia BWV 582 belongs to Bach's early works, although the autograph manuscript has been lost, and the precise date of composition cannot be determined. There are similarities between the figuration used in this composition and in chorale arrangements from the *Orgel-Büchlein* that Bach began compiling – it is often assumed in 1713-1714 during his period as organist at Weimar.

It is also quite possible that Bach had already composed the Passacaglia while he was organist at Arnstadt (August 1703-June 1708). It was during this period that he made a four-month journey to Lübeck to hear the renowned organist Dieterich Buxtehude (c. 1637-1707). Buxtehude made an important contribution to the development of ostinato works for organ, composing two ciacons, and a *passacaglia*. Both these works were included in what is known as the "Andreas Bach Buch", a collection of keyboard music that Bach's oldest brother (and first teacher) Johann Christoph (1671-1721) began in about 1708 and completed around 1713. It is in this bundle, alongside the three works by Buxtehude, that the earliest copy of Bach's Passacaglia can be found, and it is not inconceivable that Buxtehude's compositions inspired Bach to compose his work.

One of the piece's innovations is that Bach's Passacaglia opens with the presentation of the theme in one voice alone, not the standard practice at the time, although it remains open to question whether or not this was the original version. In the Andreas Bach Buch version, the unaccompanied theme is notated without bar lines, which are employed only from the beginning of the first variation. There are two good arguments for the possibility that Bach originally began the Passacaglia immediately with the first variation: 1) there are no bar lines in the Andreas Bach Buch; and 2) it was unusual in that period to present the ostinato theme before the first variation.

The theme is eight bars long, the first four of which are identical to the 'Christe (trio en passacaille)' from the *Messe du Deuziesme Ton* (from the 1688 *Livre d'Orgue*) by the French composer André Raison. It is not sure whether Bach knowingly adopted Raison's theme, or whether its re-use is purely coincidental.

Bach's Passacaglia is a series of 20 variations followed by a fugue. The first three variations are composed chiefly in crotchets and quavers, while semi-quaver movement dominates those from variation six onwards. The theme sometimes adopts the figuration of the accompanying voices (variations 11-15), or is hidden in broken triads (variations 14 and 15). In contrast to Buxtehude's ostinato works, Bach sometimes also assigns the theme to the upper voices (variations 11-15). Its return to the original tessitura in the pedal in variation 16 after seven variations' absence opens a new phase, with variations characterised by increasing intensity and complexity.

The five-voice 20th variation is followed without break by the fugue, the theme of which consists of the first four bars of the Passacaglia theme. The subject is immediately accompanied by a counter-subject in quavers, which contains recognisable elements from the second half of the Passacaglia theme, while the second counter-subject is written in semi-quavers. The theme is presented 12 times throughout the fugue – three times in each voice – and is accompanied in every case by two counter-subjects which invariably enter at different times. After the subject has been presented for the last time (in the soprano), material from both counter-subjects is organised towards a remarkable chord (the so-called Neapolitan sixth) in bar 285. A general pause is followed by a coda, consisting of five voices in the penultimate bar.

Bach's Passacaglia has been a source of fascination for many, including those that draw theological and philosophical interpretations from it, which, although intriguing, remain purely speculative. Even without these profound hypotheses, the Passacaglia tells a gripping story by itself.

EN

Bach's ripienists

Pieter-Jan Belder

The word ripienist comes from Italian: *ripieno* means full, filled up. In vocal and instrumental music, ripienists are employed as a supplement for the soloists, those musicians that make up the *concertino* group. In the *concerto grosso*, the form of which was established by Arcangelo Corelli, a second group of musicians, the ripienists, plays a role alongside that of the concertino players. In performances that Corelli himself led, the ripienists comprised a huge number of string players, complemented by a whole battery of continuo instruments, such as theorbos, harpsichords and organ. This group either reinforced, or played a game of question and answer with, the *concertino* group.

The technique of *concertino* and *ripieno* is evident in sacred vocal repertoire from as early as the sixteenth century, and continued to be used up until the eighteenth century. At first glance, it might seem that a choir was simply employed alongside the soloists, in the way we would recognise today. In practice, the concertino singers sang the entire work – both the solo and choral passages – while the ripienists reinforced certain passages within the choral sections, or even whole movements. This practice was still current during Bach's time.

Bach calls expressly for ripienists in 14 of his cantatas.[1] More important still, he supplied additional vocal parts for these works, while for all his other cantatas only one part per voice exists. So we can conclude from this that these are exceptions. Usually, Bach wrote both the arias and the choral movements in the same vocal parts, indicating that the same singer was to perform all these movements, and that no ripienists also sang from these sheets. If ripienists were to be employed, he supplied them with a separate part.

In the first volume of *Bach in Context*, I dealt extensively with the theory of the one-per-part setting for Bach's choir – a theory that is still the subject of heated debate, but seems to be supported by the foregoing evidence. The choir is thus not a choir in the modern sense, but consists of four singers who sing both the solo passages and the choral sections. More detail can be found in the notes accompanying the CD *Jesu, meine Freude*.

---

1. The cantatas are: *Gott ist mein König* BWV 71, *Christen, ätzet diesen Tag* BWV 63, *Die Himmel erzählen die Ehre Gottes* BWV 76, *Ich hatte viel Bekümmernis* BWV21, *Johannes Passion* BWV 245, *Unser Mund sei voll Lachens* BWV 110, *Geschwinde, geschwinde, ihr wirbelnden Winde* BWV 201, *Wir danken dir* BWV 29, *Dem Gerechten muss das Licht* BWV 195, *Jesus nahm zu sich die Zwölfe* BWV 22, *Die Elenden sollen essen* BWV 75, *Ein ungefärbt Gemüte* BWV 24, *Missa in A major* BWV 234 and *Gloria in excelsis Deo* BWV 191.

In 1730, Bach sends his employer his famous complaint about the insufficient quality (and quantity) of singers and instrumentalists at his disposal for the performance of church music. He divides his vocal forces into the categories "refuse", "as yet unsuitable", and "suitable" for the performance of his orchestrally accompanied sacred compositions. Those "as yet unsuitable" for this demanding repertoire were assigned to the performance of the relatively uncomplicated motets. The "refuse" were employed only in simple chorale settings. It's possible that Bach used the "as yet unsuitable" singers as ripienists in the few cantatas which call for them. It is equally possible that Bach did have access to more competent singers for these special cases. In the John Passion, for example, as much is demanded from the ripienists as from the concertino singers.

The starting point for the *Bach in Context* project is what we now know about Bach's own performance practice. At the same time, there is no need to be over dogmatic. Although BWV 93, *Wer nur den lieben Gott lässt walten*, is not one of those cantatas that expressly calls for ripienists, their use does add something to the opening choral movement. In this movement, each verse of the relatively homophonic, four-part chorale setting of the hymn *Wer nur den lieben Gott lässt* walten is preceded by a comparatively solistic exposition of every line. This structure is made even clearer by employing additional singers in the chorale passages. The cantata's final chorale is, consistent with this choice, also performed chorally.

The motet *Fürchte dich nicht*, although not entirely a comparable case, is another example of the use of ripienists. As is the case with the majority of Bach's motets, this is written for eight singers *a cappella*, possibly accompanied by a continuo group.[2] For another of Bach's motets, *Der Geist hilft unsere Schwacheit auf*, original instrumental ripieno parts in Bach's hand have survived. This piece, for double choir, is accompanied by two instrumental groups: strings with one choir, and woodwinds with the other. The contrasting sound-colours of each group help reinforce the antiphonal effect: another attractive reason to use ripieno instruments in *Fürchte dich nicht*.

See the image on page 54.

---

2. The exception is the motet *O Jesu Christ, mein's Lebens Licht*, BWV 118/231.

The Müller organ in the Waalse Kerk, Amsterdam

In 1680 the Ghent organ-builder Nicolaas Langlez installed the Waalse Kerk's first organ. The case (with the date 1680) and some of the registers have survived. Gustav Leonhardt (1928 - 2012), the church's organist from 1959 to 1982, suspected on stylistic grounds that Langlez brought an existing case to Amsterdam, and had the gallery and Rückpositiv built around it.

It seems the instrument didn't meet expectations, as many adjustments were carried out over the following years by, among others, Gerard van Giessen, who made various repairs in 1702 and 1706. In 1710 the bellows were renewed – again, seemingly unsatisfactorily. Ultimately, Christian Müller, who had maintained the instrument since 1722, was contracted to build an entirely new organ, which was installed as early as the following year. Müller renewed the wind chests, the action, the keyboards and the air supply. An independent pedal was added, for which Müller built a new case behind the great division, above the bellows housing. In order to let the pedalwork "speak" sufficiently, he made a hatch in the ceiling of the case, operated by a rope. This mechanism was restored to its original form during the restoration of 1965.

In 1777 the instrument was repaired by Jan Muller. In 1822 and 1843 maintenance work, which included some changes to the disposition, was carried out by Van de Brink. In 1891 and 1897 the organ-builder Van Dam made various changes to the instrument in order to bring it up to date with the demands of the time. Leonhardt referred to 1897 as the organ's "black year". Happily, the damage was limited.

A decision was made in 1960 to restore the instrument as fast as possible to Muller's original 1734 state. The work was carried out by the firm of Ahrend and Brunzema, and was completed in 1965. A new restoration, performed by Hek van Eken, followed in 1993.

Fürchte dich nicht

dr. Jan Smelik

Liefhebbers van de muziek van Johann Sebastian Bach zullen bij de woorden 'Fürchte dich nicht' meteen denken aan het gelijknamige motet (BWV 228). De twee teksten uit het oudtestamentische bijbelboek Jesaja (41:10 en 43:1), die in het motet geciteerd worden, roepen op niet bang te zijn. Die oproep komt in de hele Bijbel ongeveer zestig keer voor. Hij klinkt altijd uit de mond van engelen en profeten wanneer zij namens God grootse perspectieven tekenen of ingrijpende gebeurtenissen aankondigen.

Lutherse bijbeluitleggers uit de zestiende en zeventiende eeuw betoogden dat 'Fürchte dich nicht' ook betekende: 'wees getroost, blijf standvastig vertrouwen en geloven'. Zo schrijft de reformator Maarten Luther dat de woorden uit Jesaja 41 vers 10 niet bang te zijn ook klinken 'weil wir nicht alleine sind. Denn ob wir wol schwach sind, ja gar nichts; so ist doch GOtt alles. [...] wenn wir uns nicht mit dergleichen Trost, daß wir nicht allein sind, aufrichten, so werden wir in der Versuchung unterliegen' (citaat uit: *Kurze Auslegung über den Propheten Jesaiam*).

In het befaamde zesdelige bijbelcommentaar van de lutherse theoloog Abraham Calovius, waarvan Bach in 1733 een exemplaar aanschafte dat hij intensief gebruikt heeft, staat bij dezelfde vers uit Jesaja 41 te lezen: 'Fürchte dich nicht / (sey getrost / und verharre im Vertrauen)'.

In het oeuvre van Bach wordt Jesaja 41 vers 10 niet alleen geciteerd in het genoemde motet maar ook in cantate 'Schau, lieber Gott, wie meine Feind' (BWV 153). Een ander bijbelgedeelte waarin de woorden 'fürchte dich nicht' voorkomen, is het vijfde hoofdstuk uit het evangelie van Lukas. Daar zegt Jezus tegen zijn discipel Simon Petrus: 'Wees niet bevreesd, van nu aan zult u mensen vangen' (vers 10). Ten tijde van Bach werd dit evangelieverhaal gelezen op de vijfde zondag na Trinitatis (de zesde zondag na Pinksteren). Van de Leipziger cantor zijn twee cantaten overgeleverd die voor deze zondag bestemd waren: 'Siehe, ich will viel Fischer aussenden' (BWV 88) en 'Wer nur den lieben Gott lässt walten' (BWV 93). In de eerstgenoemde cantate vinden we de woorden uit Lukas 5 vers 10 letterlijk terug. De laatstgenoemde cantate is gebaseerd op het lied 'Wer nur den lieben Gott lässt walten' van Georg Neumark (1621-1681). Dit koraal handelt over de troost en het godsvertrouwen die aan de woorden 'fürchte dich nicht' verbonden zijn.

Het volharden in het geloof, zoals de oproep niet bevreesd te zijn impliceert, heeft Bach in de cantate 'Siehe, ich will viel Fischer aussenden' (BWV 88)

uitgebeeld door bij de woorden 'fürchte dich nicht' een basso ostinato-
achtige begeleiding te componeren: een korte melodie van acht maten wordt
voortdurend ('ostinato' betekent letterlijk: hardnekkig, volhardend) in de bas
herhaald. Daarmee is meteen verduidelijkt waarom de *Passacaglia* (BWV 582),
Bachs enige basso-ostinatocompositie voor orgel, op deze cd staat.

Preludium in G *(BWV 568)*
Het veelgespeelde Preludium in G (BWV 568) is niet in autograaf overgeleverd
en het is zelfs onzeker of Bach het gecomponeerd heeft. Volgens de Bach-
biograaf Philipp Spitta is het een jeugdwerk van Bach, waarin het niet zozeer
gaat om thematische ontwikkeling, maar vooral om 'die Entfesselung eines
brausenden Tonstroms, in dem die ungestüme Seele des jungen Schöpfers
jauchzend auf- und niedertaucht'. Typerend voor het werk is dat snelle loop-
jes in de sopraan of de bas, die al dan niet akkoordisch begeleid worden,
uitmonden in tweestemmige zestiende-noot-passages boven een orgelpunt.
In die zin lijkt het Preludium op de orgelpunttoccata's zoals deze in Zuid-
Duitsland gecultiveerd werden.

Cantate *Wer nur den lieben Gott lässt walten (BWV 93)*
De cantate 'Wer nur den lieben Gott lässt walten' werd voor het eerst uitgevoerd op zondag 9 juli 1724 in de dienst die 's morgens om 7.00 uur in
de Thomaskirche van Leipzig begon. Van de uitvoering in 1724 is maar heel
weinig materiaal overgeleverd: alleen de continuopartij van de eerste vier
delen. De cantate zoals wij die kennen, is gebaseerd op bewaard gebleven
partituren van een uitvoering in de jaren dertig van de achttiende eeuw. Het
zal daarom altijd onduidelijk blijven of Bach toen nog wijzigingen in de cantate heeft aangebracht.

Hoe dan ook, zondag 9 juli 1724 was de vijfde zondag na Trinitatis en conform het leesrooster werd tijdens de dienst Lukas 5 vers 1-11 gelezen. In dat
bijbelgedeelte wordt verhaald over de wonderbare visvangst: de discipelen
hebben een nacht lang gevist op het meer van Gennesaret zonder iets te
vangen. Op bevel van Jezus gooien zijn leerlingen de netten opnieuw uit en
halen zij een ongekend rijke vangst binnen. Als reactie op dit wonder van
zijn meester erkent Simon Petrus dat hij het niet waard is dat de Heer in zijn
nabijheid verblijft. Christus stelt hem gerust: 'Wees niet bevreesd, want van
nu aan zul je mensen vangen'.

Johann Olearius schreef in zijn vijfdelige *Biblische Erklärung* (1678-1681),
waarvan Bach een exemplaar in zijn bezit had, dat het hoofddoel van dit
bijbelverhaal is 'daß wir die Majestät JEsu Christi erkennen / und ihm
allein vertrauen'. Behalve in de preek werd die boodschap ook verwoord in

de lezing uit de eerste brief van Petrus, hoofdstuk 3 vers 8-15. Dat gedeelte eindigt met de oproep vijanden niet te vrezen: 'Und ob jr auch leidet umb Gerechtigkeit willen / so seid jr doch selig. Fürchtet euch aber fur jrem trotzen nicht / und erschreckt nicht / Heiliget aber Gott den HERRN in eurem hertzen' (Luthers bijbelvertaling 1545). Zoals gebruikelijk sloten de liederen in de kerkdienst aan bij de thematiek van de evangelielezing. Eén van de liederen voor de vijfde zondag na Trinitatis was het lied 'Wer nur den lieben Gott lässt walten' van Georg Neumark. Dit zevenstrofige lied kan niet beter samengevat worden dan door zijn oorspronkelijke titel: 'Trostlied. Daß Gott einen Jeglichen zu seiner Zeit versorgen und erhalten wil.'

Dat Bach in 1724 dit lied als basis voor zijn gelijknamige cantate koos, kwam mede doordat hij vijf weken eerder besloten had iedere week een koraalcantate te componeren, een cantate waaraan een koraal ten grondslag lag. Voor de tekst van de cantates heeft hij waarschijnlijk samengewerkt met één librettist, mogelijk met Andreas Stübel, emeritus-corrector van de Leipziger Thomasschule. De zeven delen van cantate 93 zijn gebaseerd op de zeven strofen van Neumarks lied. In de delen 2 tot en met 6 betreft het parafrasen van de liedtekst of een combinatie van liedcitaten en vrije dichting. In het eerste en laatste deel heeft Bach de liedtekst ongewijzigd opgenomen.
In alle delen is op één of andere manier gebruik gemaakt van de koraalmelodie. In de delen 1, 4 en 7 klinkt die melodie integraal, in de overige delen fragmentarisch en in sterk bewerkte vorm.

Motet *Fürchte dich nicht (BWV 228)*
Het is niet bekend wanneer en voor welke gelegenheid Bach zijn dubbelkorige motet 'Fürchte dich nicht' (BWV 228) componeerde. Bernard Friedrich Richter koppelde in het *Bach-Jahrbuch* van 1912 het ontstaan van het motet aan de uitvaart op 4 februari 1724 van Susanne Sophia Winckler, de vrouw van Christoph George Winckler, een vooraanstaand koopman, raadslid en Stadhauptmann te Leipzig. In de *Annales Lipsienses* had Richter de aantekening gevonden dat predikant D. Deylingen tien dagen na het overlijden van mevrouw Winckler een lijkpredicatie in de Nicolaikirche had gehouden over Jesaja 43 vers 1-5. Een gedeelte van het eerste vers van dit bijbelhoofdstuk komt ook in Bachs motet voor. Daarom zou het volgens Richter aannemelijk zijn dat het motet gecomponeerd werd ter gelegenheid van deze uitvaart.

Temeer omdat de tekst uit Jesaja 43 vers 1 destijds veelvuldig gebruikt werd bij doop en overlijden, blijft het verband dat Richter legde hypothetisch. Dat Bach en zijn vrouw de peetouders waren van twee dochters van het echtpaar Winckler, onderbouwt de hypothese evenmin.

Op basis van compositorische overeenkomsten met het motet 'Ich lasse dich nicht' (BWV Anh. 159), waarvan vaststaat dat het in 1712/1713 ontstaan is, wordt wel beweerd dat het motet 'Fürchte dich nicht' ook in die periode werd gecomponeerd. Maar er bestaat veel onzekerheid of Bach inderdaad de componist is van 'Ich lasse dich nicht' en bovendien heeft 'Fürchte dich nicht' ook muziek-stilistische overeenkomsten met motetten die Bach zeker in zijn Leipziger periode (1723-1750) componeerde.

Het motet valt in twee gedeelten uiteen, die beide precies 77 maten omvatten. Het eerste deel is dubbelkorig en bevat een toonzetting van Jesaja 41 vers 10. Het tweede deel is voor één vierstemmig koor. Het bevat de woorden van Jesaja 43 vers 1 en tevens twee coupletten uit het lied 'Warum sollt ich mich denn grämen' van de belangrijkste lutherse lieddichter uit de zeventiende eeuw, Paul Gerhardt (1607-1676).

In het eerste deel heeft Bach de tekst in drie gedeelten opgesplitst:
a – 'Fürchte dich nicht, ich bin bei dir' (maat 1-10). Men zou misschien verwachten dat Bach de oproep om niet bang te zijn, voorzien zou hebben van opvrolijkende muziek. Het tegendeel is waar: de sopranen, alten en tenoren van beide koren verklanken – vooral door de syncopische accenten – juist nervositeit en angst. Opvallend daarbij is dat de bassen van de koren de tekstwoorden in de eerste vier maten op twee toonhoogten reciteren: eerst op a en daarna op de dominant e. Bach sluit hier aan bij de traditie waarin de stem van God *(vox Dei)* aan de bas, de laagste stem van het koor toegekend wordt.
b – 'weiche nicht, denn ich bin dein Gott' (maat 10-28). Het woordje 'weiche' heeft Bach vooral in de sopraanpartijen uitgebeeld door op de eerste lettergreep twee noten te plaatsen, terwijl de noot op de tweede lettergreep gelijk is aan de eerste noot. Evenals bij de woorden 'fürchte dich nicht' wordt in dit gedeelte het woordje 'nicht' er dikwijls uitgelicht doordat de sopranen op dit woord vaak een hogere toon zingen dan op het voorgaande woord.
c – 'Ich stärke dich, ich helfe dir auch, ich erhalte dich durch die rechte Hand meiner Gerechtigkeit' (maat 29-73). Bach heeft bij het componeren van zijn motet ongetwijfeld het bijbelcommentaar van Calovius geraadpleegd. Daar zal hij gelezen hebben dat de tekst 'Ich stärke dich, ich helfe dir auch, ich erhalte dich durch die rechte Hand meiner Gerechtigkeit' trinitarisch opgevat moet worden. De woorden 'Ich stärke dich' horen volgens de lutherse exegese namelijk bij God de Vader, de woorden 'ich helfe dir' bij God de Zoon en 'ich erhalte dich' bij God de Heilige Geest. Deze bijbeluitleg zal mede een reden geweest zijn dat Bach de drie elementen uit dit bijbelgedeelte als een (drie-)eenheid behandelt. Dat hij de zinsnede 'ich stärke dich' verklankt door krachtige, verheven akkoorden met een gepunteerd ritme, is mogelijk te zien

als uitdrukking van de almacht van God de Vader. Opvallend in dit gedeelte is verder dat eerst de sopranen, maar later ook de bassen, het woord 'erhalten' benadrukken en verbeelden door lang aangehouden tonen, gevolgd door een melisma. Op den duur verdwijnen de akkoordblokken op de woorden 'ich stärke dich' en 'ich helfe dir', en ontstaat gaandeweg een dicht achtstemmig polyfonisch weefsel.

Dat gedeelte wordt abrupt afgebroken, waarop opnieuw een akkoordische passage volgt op de woorden 'fürchte dich nicht'. Daarbij valt opnieuw op dat Bach 'vrees' en 'angst' muzikaal uitbeeldt, hier vooral door het gebruik van veel dissonante akkoorden.

Dit gedeelte is een overgangspassage naar het tweede deel, waar Bach de tekst uit Jesaja 43 vers 1 verklankt. Evenals Jesaja 41 vers 10 begint deze tekst met de woorden 'fürchte dich nicht'. Anders dan deel 1, dat analoog aan de tekstindeling in drie delen uiteenvalt, vormt deel 2 een eenheid. De bas, tenor en alt zingen een fugatisch lijnenspel met twee thema's op de woorden 'denn ich habe dich erlöset, du bist mein, ich habe dich bei deinem Namen gerufen'. Opmerkelijk is dat de woorden 'ich habe dich erlöset' bestaan uit een tweevoudige chromatische daling van vier halve tonen (g fis f e | a gis g fis). Deze droefmakende chromatiek lijkt in tegenspraak te zijn met het woord 'erlöset'. Maar in de Calov-bijbel wordt bij deze bijbeltekst erop gewezen dat de verlossing tot stand kwam dankzij het bloed van Christus ('Löse-Geld meines Blutes'). Met het chromatische thema zal de componist hebben willen verwijzen naar Christus' kruisdood. Wanneer de drie onderstemmen ingezet hebben, zou men verwachten dat vervolgens de sopranen met dezelfde tekst en muziek inzetten. Dat gebeurt niet: de sopranen zingen in plaats daarvan het elfde couplet van het lied 'Warum sollt ich mich denn grämen', dat de dichter Paul Gerhardt oorspronkelijk de titel 'Christliches Freudenlied' mee-gaf. In de elfde strofe zingt de gelovige over zijn diepe, mystieke eenheid met Jezus Christus, die daartoe zijn bloed en leven heeft gegeven. Als dit couplet gezongen is, volgt zonder hoorbare cesuur een herhaling van de fugato. Daarbij zingen de sopranen het twaalfde couplet van Gerhardts lied, waarin de unio mystica verder bezongen wordt. In de laatste vier maten van het motet wordt tekstueel en muzikaal plotseling teruggegrepen op de opening van het motet: 'Fürchte dich nicht'. Maar direct op deze woorden volgt nu: 'du bist mein'. Op deze wijze vormt de dubbelkorige coda een korte en krachtige samenvatting van het hele motet.

Cantate *Schau, lieber Gott, wie meine Feind (BWV 153)*
Deze cantate is opgebouwd als een klein geestelijk drama, een tweegesprek waarin vragen uit het ene deel beantwoord worden in het volgende. Opvallend is dat Bach muzikaal gezien bepaald niet uitpakt. Het aandeel van het koor beperkt zich tot het zingen van drie eenvoudige koraalzettingen en het instrumentarium bestaat enkel uit strijkers en continuo-instrumenten. De reden hiervan is niet – zoals wel eens beweerd is – dat het op 2 januari 1724 erg koud was in de onverwarmde Nicolaikirche en dat Bach daarom een kortere cantate componeerde. Er is wel een ander motief: koor en instrumentalisten hadden vanaf de Eerste Kerstdag 1723 al een zwaar programma achter de kiezen met drie cantates, het Magnificat (BWV 243a) en het Sanctus (BWV 238). Bovendien wist Bach dat over vier dagen met Epifanie opnieuw een omvangrijke cantate ('Sie werden aus Saba alle kommen' BWV 65) ingestudeerd en uitgevoerd moest worden.

In de dienst op de zondag na Nieuwjaar stond het verhaal centraal over de vlucht van Jozef en Maria met het kind Jezus naar Egypte (Matteüs 2 vers 13-23). Daarbij werd tevens als epistellezing een gedeelte uit de eerste brief van Petrus (hoofdstuk 4 vers 12-19) gelezen: hoe meer een christen deel heeft aan het lijden van Christus, hoe meer hij zich zal verheugen.

Orgelkoraal *Wer nur den lieben Gott lässt walten (BWV 647)*
Aan het einde van zijn leven, waarschijnlijk ergens tussen augustus 1748 en juli 1750, liet Bach bij Johann Georg Schübler uit Zella (Thüringen) een aantal koraalbewerkingen voor orgel drukken: *Sechs Chorale von verschiedener Art*. De meeste composities uit deze verzameling, die veelal bekend staat onder de naam van de uitgever: 'Schübler-Chorälle' (BWV 645-650), betreffen orgelversies van delen uit cantates van Bach. Eén daarvan betreft een orgelbewerking van deel 4 uit de cantate 'Wer nur den lieben Gott lässt walten' (BWV 93): het duet 'Er kennt die rechten Freudenstunden' voor sopraan en alt, waarbij de strijkers de koraalmelodie ten gehore brengen. In de orgelversie zijn de twee zangstemmen en de continuo (bas) aan de manualen toegekend, terwijl de melodie in de tenor op het pedaal gespeeld wordt.

Hoewel het orgelwerk bekend staat onder de titel 'Wer nur den lieben Gott lässt walten', heeft Bach niet het eerste couplet van het lied verklankt, maar het vierde couplet. Zowel het cantatedeel als de orgelbewerking ervan wordt vooral in de laagste stem overheerst door de *figura corta* (het ritme lang-kort-kort), die Bach vaak aanwendde om vreugde te symboliseren. Albert Schweitzer heeft dit figuur het 'Freudenmotiv' genoemd. Het gebruik van dit figuur/motief zal in deze compositie uitdrukking zijn van het woord 'Freudenstunden'.

Cantate *Siehe, ich will viel Fischer aussenden (BWV 88)*

De cantate 'Siehe, ich will viel Fischer aussenden' is gecomponeerd voor de vijfde zondag na Trinitatis. Informatie over de thematiek en lezingen die op deze zondag aan de orde waren, staat hierboven te lezen bij de toelichting op cantate BWV 93. Deze overeenkomstige bestemming verklaart ook dat beide cantates eindigen met de slotstrofe van het lied 'Wer nur den lieben Gott lässt walten'.

Cantate 88 werd voor het eerst uitgevoerd tijdens de dienst in de Nicolai-kirche van Leipzig op 21 juli 1726. In dat jaar voerde Bach achttien cantates uit van Johann Ludwig Bach (1677-1731), Kapellmeister te Meiningen. Die cantates hadden een bijzondere structuur: ze bestonden uit twee delen waar-bij het eerste deel opende met een tekst uit het Oude Testament, gevolgd door een recitatief en aria, en het tweede deel met één uit het Nieuwe Testament, gevolgd door een aria, recitatief en een slotkoraal. Meer dan zeven cantates die Johann Sebastian Bach in 1726 componeerde, hebben deze structuur. Eén daarvan is cantate 88, waarvan het tweede deel na de preek of tijdens de avondmaalsviering uitgevoerd zal zijn.

Opmerkelijk is dat Bach voor dit werk geen openingskoor componeerde, maar een bas-aria. De tekst is ontleend aan Jeremia 16 vers 16: 'Siehe, ich will viel Fischer aussenden, spricht der Herr, die sollen fischen'. Dat dit letterlijke woor-den van de Heer zijn, zal Bach ertoe gebracht hebben om een compositie voor bas (*vox Dei*) te componeren. Ook zal hij mogelijk een parallel hebben willen maken met de opening van het tweede deel: 'Jesus sprach zu Simon: Fürchte dich nicht; denn von nun an wirst du Menschen fahen' (Lukas 5 vers 10). De woorden vanaf 'Fürchte' worden ook daar door een bas gezongen.

Passacaglia *(BWV 582)*

De passacaglia als vorm is in de vroege zeventiende eeuw in Spanje ontstaan uit korte instrumentale improvisaties tussen de strofen van een lied. De vorm groeide uit tot een contrapuntische variatievorm boven een voortdurend herhaald basthema. Het staat vast dat de Passacaglia BWV 582, waarvan de autograaf verloren is gegaan, tot Bachs vroege orgelwerken hoort. Maar voor een precieze datering ontbreken harde gegevens. In de gebruikte figuratie zijn er overeenkomsten met koraalbewerkingen uit het Orgel-Büchlein dat Bach - naar vaak wordt aangenomen gecomponeerd in 1713/1714 - tijdens zijn organistschap in Weimar aanlegde. Het is heel goed mogelijk dat Bach zijn Passacaglia al componeerde in de tijd dat hij organist te Arnstadt was (augustus 1703 - juni 1708).

In die periode maakte hij namelijk een reis van vier maanden naar Lübeck om daar de vermaarde organist Dieterich Buxtehude (ca. 1637-1707) te horen. Buxtehude heeft een belangrijke bijdrage geleverd aan de ontwikkeling van ostinatowerken voor orgel; hij componeerde twee ciacona's en een passacaglia. Deze werken werden opgenomen in het zogeheten Andreas Bach Buch, een verzameling klaviermuziek die Bachs oudste broer en eerste leraar, Johann Christoph (1671-1721), rond 1708 aanlegde en die omstreeks 1713 afgesloten werd. Naast de drie ostinatowerken van Buxtehude treffen we in dit manuscript ook het vroegst bekende afschrift aan van Bachs Passacaglia. Het is bepaald niet denkbeeldig dat Bach tot het componeren van dit werk geïnspireerd werd door de composities van Buxtehude.

Een vernieuwing is dat Bachs Passacaglia eenstemmig opent met de presentatie van het thema; dat was toentertijd niet gebruikelijk. Maar het is de vraag of dit conform de oorspronkelijke versie is. In het Andreas Bach Buch staat het onbegeleide thema namelijk zonder maatstrepen genoteerd; deze worden pas vanaf de eerste variatie gebruikt. Er zijn dus twee goede argumenten voor de mogelijkheid dat Bach zijn Passacaglia oorspronkelijk meteen met variatie 1 liet beginnen, zoals ook op deze cd gedaan wordt: 1) bij de themapresentatie in het Andreas Bach Buch staan geen maatstrepen genoteerd, en 2) het was destijds ongebruikelijk om voorafgaand aan de eerste variatie het ostinatothema te spelen.

Het thema telt acht maten en de eerste vier zijn gelijk aan het 'Christe (trio en passacaille)' uit de Messe du Deuziesme Ton (Livre d'Orgue, 1688) van de Franse componist André Raison. Het is niet vast te stellen of Bach het thema van Raison bewust gebruikt heeft, of dat de overeenkomst op toeval berust.

Bachs Passacaglia bestaat uit een reeks van twintig variaties, gevolgd door een fuga. De eerste drie variaties bewegen zich hoofdzakelijk in kwartnoten en achtste noten, terwijl vanaf variatie 6 bewegingen in zestiende noten overheersen. Soms neemt het thema de figuratie aan van de begeleidende stemmen (variatie 5, 9, 13) of klinkt het verborgen in gebroken drieklanken (variatie 14 en 15). In tegenstelling tot Buxtehudes ostinatowerken legt Bach het thema ook in de bovenstemmen (variaties 11-15). In variatie 16 klinkt voor het eerst sinds zeven variaties het thema weer in zijn oorspronkelijke gedaante in het pedaal. Daarmee is een nieuwe episode geopend met variaties die zich kenmerken door toenemende intensiteit en complexiteit.

Zonder onderbreking volgt na de vijfstemmige twintigste variatie een fuga, waarvan het thema bestaat uit de eerste vier maten van het passacagliathema. Meteen de eerste keer als het fugathema klinkt, wordt het begeleid door een contrasubject in achtste noten, waarin elementen uit het tweede deel van het passacagliathema te herkennen zijn. Het tweede contrasubject beweegt zich in zestiende noten. Gedurende de fuga wordt het thema twaalf keer (in elke stem drie keer) gepresenteerd en iedere keer wordt het vergezeld van de twee contrasubjecten, die telkens na elkaar inzetten. Nadat het thema de laatste keer (in de sopraan) heeft geklonken, wordt met materiaal van de beide contrasubjecten toegewerkt naar een opvallend akkoord (het zogeheten Napels sextakkoord) in maat 285. Na een generale pauze volgt een coda die in de voorlaatste maat vijfstemmig wordt.

De Passacaglia van Bach heeft velen tot de verbeelding gesproken, ook in die zin dat er veel theologische en filosofische interpretaties over bestaan, die dan wel intrigerend zijn maar bovenal zeer speculatief. Ook zonder allerlei diepzinnige hypothesen blijft de Passacaglia een boeiend verhaal vertellen.

Bachs ripiënisten

Pieter-Jan Belder

Het woord ripiënist is ontleend aan het Italiaans: *ripieno* = vol, gevuld, op-, aangevuld. In de vocale en instrumentale muziek worden ripiënisten ingezet ter aanvulling van de concertisten, de musici van het solistisch bezette concertino. In het concerto grosso zoals dat door Arcangelo Corelli werd vormgegeven, is naast de concertisten een rol weggelegd voor een tweede groep instrumentalisten, die ripiënisten worden genoemd. Bij uitvoeringen die door Corelli zelf geleid werden, bestond de groep ripiënisten uit een enorm aantal strijkers, aangevuld met een batterij aan continuo-instrumenten als theorbes, klavecimbels en orgel. Deze groep versterkte of speelde een vraag-en-antwoordspel met de solisten in het concertino.

In het kerkelijke vocale repertoire van de zestiende tot en met achttiende eeuw bestond het gebruik van concertisten en ripiënisten ook al. Op het eerste gezicht lijkt het of naast de solisten simpelweg een koor werd ingezet, in de vorm zoals we die tegenwoordig kennen. In de praktijk zongen concertisten echter het hele werk - de koordelen én de solistische passages - en versterkten de ripiënisten bepaalde passages in de koordelen, of zelfs volledige koordelen. Deze praktijk was in Bachs tijd nog altijd actueel.

In veertien vocale werken[1] van zijn cantate-oeuvre schrijft Bach nadrukkelijk het gebruik van ripiënisten voor. Daaruit kunnen we concluderen dat het om uitzonderingen gaat. Nog belangrijker is de constatering dat Bach in die veertien werken afzonderlijke partijen vervaardigde, terwijl in alle andere gevallen slechts één partij per stem aanwezig was. Gewoonlijk gaf Bach in partijen zowel de koordelen als de aria's weer. Dit duidt erop dat een en dezelfde zanger al die onderdelen voor zijn rekening nam, en dat van datzelfde blad geen ripiënisten meezongen. Voor ripiënisten schreef hij een aparte partij uit.

In het eerste deel van onze serie Bach Contextueel ben ik uitgebreid ingegaan op de theorie van de enkelvoudige koorbezetting bij Bach - een theorie die nog steeds tot heftige discussies leidt, maar die door bovenstaande praktijk aannemelijk wordt gemaakt. Het koor is daarin geen koor in de moderne zin van het woord, maar bestaat uit vier zangers die naast de koorgedeelten ook de solistische passages voor hun rekening nemen. Voor details verwijs ik u graag naar het artikel in het boek bij de cd *Jesu, meine Freude.*

1. Het gaat om de volgende cantates: *Gott ist mein König* BWV 71, *Christen, ätzet diesen Tag* BWV 63, *Die Himmel erzählen die Ehre Gottes* BWV 76, *Ich hatte viel Bekümmernis* BWV21, *Johannes Passion* BWV 245, *Unser Mund sei voll Lachens* BWV 110, *Geschwinde, geschwinde, ihr wirbelnden Winde* BWV 201, *Wir danken dir* BWV 29, *Dem Gerechten muss das Licht* BWV 195, *Jesus nahm zu sich die Zwölfe* BWV 22, *Die Elenden sollen essen* BWV 75, *Ein ungefärbt Gemüte* BWV 24, *Missa in A* BWV 234 en *Gloria in excelsis Deo* BWV 191.

Bach doet in 1730 zijn beklag bij zijn werkgever over de tekortschietende kwaliteit (en kwantiteit) van zijn koor en orkest voor het uitvoeren van zijn kerkmuziek. De vocale krachten die hem ter beschikking stonden, bracht hij daarbij onder in de categorieën 'uitschot' (Ausschuss), 'nog niet geschikt' en 'geschikt' voor het uitvoeren van zijn concerterende kerkmuziek. Degenen die 'nog niet geschikt' waren om Bachs veeleisende muziek ten gehore te brengen, mochten eenvoudige motetten zingen. Het 'uitschot' werd ingezet om simpele koraalzettingen uit te voeren. Het is mogelijk dat Bach de categorie 'nog niet geschikt' gebruikte in die enkele gevallen waarin hij ripiënisten voorschrijft. Even verdedigbaar is overigens de veronderstelling dat Bach in deze uitzonderingsgevallen beschikte over meerdere goed gekwalificeerde zangers. In de *Johannes Passion* wordt bijvoorbeeld van de ripiënisten immers bijna evenveel verwacht als van de concertisten.

In het project Bach Contextueel wordt zo veel mogelijk uitgegaan van wat er bekend is over Bachs uitvoeringspraktijk. Tegelijkertijd hoeven we niet al te dogmatisch te werk te gaan. De cantate *Wer nur den lieben Gott lässt walten* BWV 93 valt niet in de categorie van werken waarin door Bach de inzet van ripiënisten voorgeschreven werd. Maar in het openingskoor van cantate 93 voegt het gebruik van ripiënisten wel degelijk iets toe. In dit deel wordt de vierstemmige, vrij homofone koraalzetting van het lied *Wer nur den lieben Gott lässt walten* bij elke strofe voorafgegaan door een tamelijk solistische expositie van elke versregel. Met de keuze om de koraalzetting in het openingskoor met extra zangers te bezetten, komt de structuur van het werk nog duidelijker tot uitdrukking. Logischerwijs wordt ook het slotkoraal zo bezet.

Een ander, weliswaar niet helemaal vergelijkbaar voorbeeld van het gebruik van ripiënisten is het motet *Fürchte dich niet*. Zoals de meeste motetten van Bach is ook dit motet geschreven voor acht a-capellazangers, eventueel begeleid door een bassocontinuogroep[2]. Van Bachs motet *Der Geist hilft unser Schwachheit auf* zijn echter originele stemmen bewaard gebleven in Bachs handschrift voor een instrumentaal ripieno-ensemble. Het dubbelkorige motet wordt begeleid door twee groepen instrumentalisten: strijkers bij het ene koor, en houtblazers bij het andere. Door de klankverschillen tussen de beide groepen wordt het effect van de dubbelkorigheid versterkt. Opnieuw een aantrekkelijk argument om in *Fürchte dich niet* eveneens instrumentale ripiënisten in te zetten.

Zie de afbeelding op pagina 54.

NL

---

2. Uitzondering is het motet *O Jesu Christ, mein's Lebens Licht* BWV 118/231.

Het Müller-orgel in de Waalse Kerk, Amsterdam

In het jaar 1680 leverde de Gentse orgelmaker Nicolaas Langlez de Waalse Kerk haar eerste orgel. Daarvan zijn de kas (met datum 1680) en een aantal registers bewaard gebleven. Gustav Leonhardt (1928 - 2012), van 1959-1982 organist van de Waalse Kerk, vermoedde op stilistische gronden dat Langlez een bestaande hoofdwerkkas meebracht naar Amsterdam, en aldaar de galerij en de rugwerkkas liet bijmaken.

Het orgel voldeed blijkbaar niet, want in de daaropvolgende jaren werd er veel aan gesleuteld, onder andere door de orgelmaker Gerard van Giessen, die in 1702 en 1706 diverse reparaties verrichtte. In 1710 werden de balgen vernieuwd - kennelijk niet naar tevredenheid. Uiteindelijk kreeg Christian Müller, die het orgel vanaf 1722 in onderhoud had, in 1733 de opdracht een geheel nieuw orgel te maken, dat reeds het jaar daarop werd opgeleverd. Müller vernieuwde de windladen, het mechaniek, de klavieren en de windvoorziening. Het orgel kreeg een zelfstandig pedaal, waarvoor Müller een nieuwe kas bouwde achter het hoofdwerk, bovenop het balgenhuis. Om het pedaalwerk voldoende 'uitspraak' te geven maakte hij een luik in de zoldering van de kas, dat met een touw te bedienen was. Bij de restauratie van 1965 werd dit mechaniek in zijn oorspronkelijke staat hersteld.

In 1777 werd het orgel gerepareerd door Jan Muller. In 1822 en 1843 verrichtte Van de Brink reparaties aan het orgel, en bracht enige wijzigingen aan in de dispositie. In 1891 en 1897 werden er door orgelmaker Van Dam allerlei wijzigingen aan het orgel doorgevoerd, waardoor het orgel aan de eisen des tijds werd aangepast. Leonhardt noemde dit "een zwart jaar" in de geschiedenis van het orgel, maar gelukkig bleef de schade beperkt.

In 1960 besloot men tot een restauratie, die het instrument zo veel mogelijk in de staat zou moeten brengen waarin Müller het in 1734 had opgeleverd. Die restauratie werd uitgevoerd door de firma Ahrend & Brunzema, en werd voltooid in 1965. In 1993 volgde een nieuwe restauratie door Henk van Eeken.

Fürchte dich nicht

Dr. Jan Smelik

Freunde von Johann Sebastian Bachs Musik werden bei den Worten „Fürchte dich nicht" sofort an die gleichnamige Motette (BWV 228) denken. Die zwei Texte aus dem alttestamentlichen Bibelbuch Jesaja (41,10 und 43,1), die in der Motette zitiert werden, fordern dazu auf, sich nicht zu fürchten. Diese Aufforderung kommt in der Bibel insgesamt ca. sechzig Mal vor. Sie erklingt immer dann aus dem Munde von Engeln und Propheten, wenn sie im Namen Gottes große Verheißungen verkündigen oder einschneidende Ereignisse prophezeien.

Lutherische Bibelexegeten des sechzehnten und siebzehnten Jahrhunderts argumentierten, dass „Fürchte dich nicht" auch bedeute: „sei getrost, vertraue und glaube standhaft weiter." So schreibt der Reformator Martin Luther, dass die Worte aus Jesaja 41, 10 „sich nicht zu fürchten", auch erklingen, „weil wir nicht alleine sind. Denn ob wir wol schwach sind, ja gar nichts; so ist doch GOtt alles. […] wenn wir uns nicht mit dergleichen Trost, daß wir nicht allein sind, aufrichten, so werden wir in der Versuchung unterliegen" (Zitat aus: *Kurze Auslegung über den Propheten Jesaiam*).

Im berühmten sechsbändigen Bibelkommentar des lutherischen Theologen Abraham Calov, von dem Bach 1733 ein Exemplar erwarb und dann intensiv benutzt hat, steht bei diesem Vers aus Jesaja 41: „Fürchte dich nicht / (sey getrost / und verharre im Vertrauen)."

In Bachs Werk wird Jesaja 41, 10 nicht nur in der genannten Motette zitiert, sondern auch in der Kantate „Schau, lieber Gott, wie meine Feind" (BWV 153). Ein anderer Bibelabschnitt, in dem die Worte „fürchte dich nicht" vorkommen, ist das fünfte Kapitel des Lukasevangeliums. In Vers 10 sagt Jesus zu seinem Jünger Simon Petrus: „Fürchte dich nicht! Von nun an wirst du Menschen fangen." Zu Bachs Zeiten wurde diese Evangeliengeschichte am fünften Sonntag nach Trinitatis (d.h. am sechsten Sonntag nach Pfingsten) gelesen. Vom Leipziger Kantor sind zwei Kantaten erhalten, die für diesen Sonntag bestimmt waren: „Siehe, ich will viel Fischer aussenden" (BWV 88) und „Wer nur den lieben Gott lässt walten" (BWV 93). In der erstgenannten Kantate finden wir die Worte aus Lukas 5, 10 wörtlich wieder. Der zweiten Kantate liegt das Lied „Wer nur den lieben Gott lässt walten" von Georg Neumark (1621-1681) zugrunde. Dieser Choral handelt vom Trost und vom Gottvertrauen, die mit den Worten „fürchte dich nicht" einhergehen. Das Beharren im Glauben, welches die Aufforderung, sich nicht zu fürchten, beinhaltet, hat Bach in der Kantate „Siehe, ich will viel Fischer aussenden"

(BWV 88) dargestellt, indem er bei den Worten „fürchte dich nicht" eine Basso-ostinato-Begleitung komponierte: Eine kurze Melodie aus acht Takten wird ständig („ostinato" bedeutet wörtlich: hartnäckig) im Bass wiederholt. Damit ist auch sofort erklärt, weshalb die *Passacaglia* (c-Moll, BWV 582), Bachs einzige Basso-ostinato-Komposition für Orgel, auf dieser CD steht.

Präludium in G-Dur *(BWV 568)*

Das oft gespielte Präludium in G-Dur (BWV 568) ist nicht als Autograf erhalten, und es ist nicht einmal sicher, dass Bach es komponiert hat. Dem Bach-Biografen Philipp Spitta zufolge ist es ein Jugendwerk Bachs, in dem es nicht so sehr um die Entwicklung eines Themas geht, sondern vor allem um „die Entfesselung eines brausenden Tonstroms, in dem die ungestüme Seele des jungen Schöpfers jauchzend auf- und niedertaucht." Das Werk kennzeichnet sich durch schnelle, akkordisch oder nicht-akkordisch begleitete Läufe im Sopran oder Bass, die in zweistimmige Sechzehntelnotenpassagen über einem Orgelpunkt münden. In diesem Sinne ähnelt das Präludium den Orgelpunkt-Toccaten, wie sie in Süddeutschland kultiviert wurden.

Kantate *Wer nur den lieben Gott lässt walten (BWV 93)*

Die Kantate „Wer nur den lieben Gott lässt walten" wurde erstmals am Sonntag, 9. Juli 1724, im Frühgottesdienst um 7 Uhr in der Leipziger Thomaskirche aufgeführt. Von dieser Aufführung ist recht wenig Material erhalten: nur die Continuo-Stimme der ersten vier Teile. Die Kantate, wie wir sie kennen, geht auf erhalten gebliebene Partituren von einer Aufführung in den Dreißigerjahren des achtzehnten Jahrhunderts zurück. Es wird darum dauerhaft ungeklärt bleiben, ob Bach damals noch Änderungen in der Kantate angebracht hat.

Wie dem auch sei, Sonntag, 9. Juli 1724, war der fünfte Sonntag nach Trinitatis und der Agende zufolge wurde während des Gottesdiensts Lukas 5, 1-11 gelesen. In diesem Bibelabschnitt wird vom Wunder des Fischzugs berichtet: Die Jünger hatten eine ganze Nacht im See Genezareth ohne jeden Fang gefischt. Auf Jesu Befehl werfen seine Jünger die Netze erneut aus und holen einen sagenhaft reichen Fang herein. Als Reaktion auf dieses Wunder seines Meisters erkennt Simon Petrus an, dass er die Nähe des Herrn nicht verdiene. Christus beruhigt ihn: „Fürchte dich nicht! Von nun an wirst du Menschen fangen."

Johann Olearius schrieb in seiner fünfbändigen, in Bachs Besitz befindlichen *Biblischen Erklärung* (1678-1681), dass der vorrangige Zweck dieser Bibelgeschichte sei, „daß wir die Majestät JEsu Christi erkennen / und ihm allein vertrauen." Außer in der Predigt kam diese Botschaft auch in der Lesung aus dem 1. Petrusbrief 3, 8-15 zum Ausdruck. Dieser Abschnitt endet wie folgt: „Und ob jr auch leidet umb Gerechtigkeit willen / so seid jr doch selig. Fürchtet euch aber fur jrem trotzen nicht / und erschreckt nicht / Heiliget aber Gott den HERRN in eurem hertzen." (Luthers Bibelübersetzung 1545).

Wie üblich bezogen sich die Gottesdienstlieder auf das Thema der Evangelienlesung. Eines der Lieder für den fünften Sonntag nach Trinitatis war Georg Neumarks Choral „Wer nur den lieben Gott lässt walten". Dieses siebenstrophige Kirchenlied lässt sich am besten mittels seines ursprünglichen Titels zusammenfassen: „Trostlied. Daß Gott einen Jeglichen zu seiner Zeit versorgen und erhalten wil."

Dass Bach 1724 dieses Lied zur Grundlage seiner gleichnamigen Kantate machte, war auch aus der fünf Wochen zuvor getroffenen Entscheidung erwachsen, jede Woche eine Choralkantate zu komponieren, also eine Kantate auf Basis eines Chorals. Für die Kantatentexte arbeitete er vermutlich mit einem einzigen Librettisten zusammen, vielleicht Andreas Stübel, dem Emeritus-Konrektor der Leipziger Thomasschule.

Den sieben Nummern der Kantate 93 liegen die sieben Strophen von Neumarks Choral zugrunde. In Nummer 2 bis 6 handelt es sich um Paraphrasen des Liedtextes oder eine Kombination aus Liedzitaten und freier Dichtung. Im ersten und letzten Satz hat Bach den Liedtext unverändert übernommen. In allen Nummern wird auf die eine oder andere Art die Choralmelodie benutzt. In den 1, 4 und 7 erklingt die Melodie komplett, in den übrigen Teilen fragmentarisch und in stark bearbeiteter Form.

Motette *Fürchte dich nicht (BWV 228)*
Es ist nicht bekannt, wann und zu welcher Gelegenheit Bach seine doppelchörige Motette „Fürchte dich nicht" (BWV 228) komponierte. Bernard Friedrich Richter knüpfte im *Bach-Jahrbuch* von 1912 das Entstehen der Motette an die am 4. Februar 1724 erfolgte Beerdigung Susanne Sophia Wincklers, der Frau Christoph George Wincklers, eines bedeutenden Leipziger Kaufmannes, Ratsmitgliedes und Stadthauptmann. In den *Annales Lipsienses* hatte Richter den Hinweis gefunden, dass Pfarrer D. Deylingen zehn Tage nach dem Tod Frau Wincklers eine Leichenpredigt in der Nicolaikirche über Jesaja 43, 1-5 gehalten hat. Ein Teil von Vers 1 dieses Bibelkapitels kommt auch in Bachs Motette vor. Deshalb ist es Richter zufolge wahrscheinlich, dass die Motette anlässlich dieser Beisetzung komponiert wurde. Schon weil der Text aus Jesaja 43, 1 seinerzeit häufig zu Taufen und Beerdigungen genutzt wurde, bleibt Richters Zusammenhang nur eine Annahme. Auch, dass Bach und seine Frau die Pateneltern von zwei Töchtern des Ehepaars

Winckler waren, stützt diese Hypothese nicht. Wegen kompositorischer Gemeinsamkeiten mit der mit Sicherheit 1712/13 entstandenen Motette „Ich lasse dich nicht" (BWV Anh. 159) wird zwar behauptet, dass die Motette „Fürchte dich nicht" auch in dieser Periode komponiert worden sei. Aber es ist sehr unsicher, ob Bach wirklich der Komponist von „Ich lasse dich nicht" ist. Hinzu kommt, dass „Fürchte dich nicht" auch musikalisch-stilistische Gemeinsamkeiten mit Motetten Bachs aufweist, die er sicherlich in seiner Leipziger Zeit (1723-1750) komponierte.

Die Motette setzt sich aus zwei Teilen zusammen, die beide exakt 77 Takte umfassen. Der erste Teil ist doppelchörig und besteht aus einer Vertonung von Jesaja 41, 10. Der zweite Teil ist für vierstimmigen Chor. Er besteht aus den Worten von Jesaja 43, 1 sowie zwei Versen des Liedes „Warum sollt ich mich denn grämen" des wichtigsten lutherischen Lieddichters des siebzehnten Jahrhunderts, Paul Gerhardt (1607-1676).

Im ersten Teil hat Bach den Text in drei Teile zerlegt:
a – „Fürchte dich nicht, ich bin bei dir" (Takt 1-10). Man könnte vielleicht erwarten, dass Bach diese Aufforderung mit aufmunternder Musik unterlegt hätte. Doch das Gegenteil ist der Fall: Sopran, Alt und Tenor beider Chöre drücken – insbesondere durch die synkopischen Akzente – geradezu Nervosität und Angst aus. Dabei fällt auf, dass der Bass beider Chöre die Textwörter in den ersten vier Takten auf zwei Tonhöhen rezitiert: erst auf a und dann auf dem dominanten e. Bach knüpft hier an die Tradition an, in der dem Bass als tiefster Stimmlage des Chores die Stimme Gottes (*vox Dei*) zukommt.
b – „weiche nicht, denn ich bin dein Gott" (Takt 10-28). Das Wort „weiche" hat Bach besonders in den Sopranpartien veranschaulicht, indem er auf die erste Silbe zwei Noten setzt, während die Note auf der zweiten Silbe identisch mit der ersten Note ist. Wie bei den Worten „fürchte dich nicht" wird in diesem Teil das Wort „nicht" häufig hervorgehoben, indem die Soprane auf diesem Wort einen höheren Ton als auf dem vorherigen Wort singen.
c – „Ich stärke dich, ich helfe dir auch, ich erhalte dich durch die rechte Hand meiner Gerechtigkeit" (Takt 29-73). Bach hat beim Komponieren seiner Motette zweifellos Calovs Bibelkommentar benutzt. Dort wird er gelesen haben, dass der Text „Ich stärke dich, ich helfe dir auch, ich erhalte dich durch die rechte Hand meiner Gerechtigkeit" trinitarisch zu verstehen sei; die Worte „Ich stärke dich" gehören in der lutherischen Exegese nämlich zu Gott dem Vater, die Worte „ich helfe dir" zu Gott dem Sohn und „ich erhalte dich" zu Gott dem Heiligen Geist. Diese Bibelauslegung wird auch ein Grund gewesen sein, dass Bach die drei Elemente aus dem Bibelabschnitt wie eine (Drei-)Einheit behandelt. Dass er den Satzteil „ich stärke dich" durch kräftige, erhabene Akkorde mit einem punktierten Rhythmus vertont, ist

möglicherweise als Ausdruck der Allmacht Gottvaters zu sehen. In diesem Teil fällt ferner auf, dass erst die Soprane, aber später auch die Bässe, das Wort „erhalten" durch lang anhaltende Töne hervorheben und ausdrücken, worauf ein Melisma folgt. Allmählich verschwinden bei den Worten „ich stärke dich" und „ich helfe dir" die Akkordblöcke und nach und nach entsteht ein dichtes achtstimmiges polyfones Gewebe.

Dieser Teil wird abrupt abgebrochen. Dann folgt erneut eine Akkordpassage bei den Worten „fürchte dich nicht". Hierbei fällt wiederum auf, dass Bach „Furcht" und „Angst" musikalisch darstellt, diesmal vor allem durch die Verwendung vieler dissonanter Akkorde.

Dieser Abschnitt ist eine Übergangspassage zum zweiten Teil, in dem Bach den Text von Jesaja 43, 1 vertont. Wie auch Jesaja 41, 10 beginnt dieser Text mit den Worten „fürchte dich nicht". Im Gegensatz zu Teil 1, der analog zur Texteinteilung aus drei Teilen besteht, bildet Teil 2 eine Einheit. Bass, Tenor und Alt singen ein fugales Linienspiel mit zwei Themen über die Worte „denn ich habe dich erlöset, du bist mein, ich habe dich bei deinem Namen gerufen". Auffällig ist, dass die Worte „ich habe dich erlöset" aus einer zweifachen chromatischen Abwärtsbewegung von vier Halbtönen bestehen (g fis f e | a gis g fis). Diese traurig stimmende Chromatik scheint im Widerspruch zum Wort „erlöset" zu stehen. Aber in der Calov-Bibel wird bei dieser Bibelstelle angemerkt, dass die Erlösung durch Christi Blut erfolgt ist („Löse-Geld meines Blutes"). Mit dem chromatischen Thema wollte der Komponist folglich vermutlich auf Christi Kreuzestod hinweisen.

Nach dem Einsetzen der drei Unterstimmen würde man erwarten, dass nun die Soprane mit demselben Text und derselben Musik einsetzen. Das geschieht aber nicht: Die Soprane singen stattdessen den elften Vers des Liedes „Warum sollt ich mich denn grämen", dem der Dichter Paul Gerhardt ursprünglich den Titel „Christliches Freudenlied" gab. In der elften Strophe singt der Gläubige von seiner tiefen, mystischen Einheit mit Jesus Christus, der dafür sein Blut und sein Leben gegeben hat. Nach diesem Vers folgt ohne eine hörbare Zäsur eine Wiederholung des Fugatos. Dabei singen die Soprane die zwölfte Strophe von Gerhardts Lied, in der die *unio mystica* weiter besungen wird.

In den letzten vier Takten der Motette wird in Text und Musik plötzlich der Motettenanfang wieder aufgegriffen: „Fürchte dich nicht". Aber unmittelbar nach diesen Worten folgt nun: „du bist mein". Damit formt die doppelchörige Coda eine kurze und prägnante Zusammenfassung der ganzen Motette.

Kantate *Schau, lieber Gott, wie meine Feind (BWV 153)*
Diese Kantate ist wie ein kleines geistliches Drama, ein Zwiegespräch aufgebaut, worin Fragen aus dem einen Teil im nächsten beantwortet werden. Es fällt auf, dass Bach hier in musikalischer Hinsicht wahrlich nicht groß aufwartet: Der Anteil des Chors beschränkt sich auf das Singen dreier einfacher Choralsätze und das Instrumentarium besteht nur aus Streichern und Basso continuo. Der Grund dafür liegt nicht – wie mitunter behauptet – darin, dass es am 2. Januar 1724 in der ungeheizten Nicolaikirche sehr kalt gewesen sei und Bach deshalb eine kürzere Kantate komponiert habe. Es gibt aber ein anderes Motiv: Chor und Instrumentalisten hatten seit dem ersten Weihnachtsfeiertag 1723 mit drei Kantaten, dem Magnificat (BWV 243a) und dem Sanctus (BWV 238) schon ein heftiges Programm hinter sich. Und Bach wusste, dass vier Tage danach zu Epiphanias wiederum eine umfangreiche Kantate („Sie werden aus Saba alle kommen" BWV 65) einzustudieren und aufzuführen war.

Im Mittelpunkt des Gottesdienstes am Sonntag nach Neujahr stand die Geschichte von der Flucht von Josef und Maria mit dem Jesuskind nach Ägypten (Matthäus 2, 13-23). Dazu wurde noch als Epistellesung ein Abschnitt aus dem 1. Brief Petrus 4, 12-19 gelesen: Je mehr ein Christ teilhat am Leiden Christi, desto mehr Grund zur Vorfreude hat er.

Orgelchoral *Wer nur den lieben Gott lässt walten (BWV 647)*
Am Ende seines Lebens, vermutlich irgendwann zwischen August 1748 und Juli 1750, ließ Bach bei Johann Georg Schübler aus Zella (Thüringen) einige Choralbearbeitungen für Orgel drucken: *Sechs Chorale von verschiedener Art.* Bei den meisten Kompositionen aus dieser Sammlung, die gewöhnlich mit dem Verlegernamen als „Schübler-Choräle" (BWV 645-650) bezeichnet wird, handelt es sich um Orgelversionen von Kantatensätzen Bachs. Einer davon ist eine Orgelbearbeitung von Nr. 4 der Kantate „Wer nur den lieben Gott lässt walten" (BWV 93): das Duett „Er kennt die rechten Freudenstunden" für Sopran und Alt, wobei die Streicher die Choralmelodie zu Gehör bringen. In der Orgelversion werden die zwei Singstimmen und der Continuo (Bass) den Manualen zugeordnet, während die Melodie im Tenor auf dem Pedal gespielt wird.

Obwohl das Orgelstück unter dem Titel „Wer nur den lieben Gott lässt walten" bekannt ist, hat Bach nicht den ersten, sondern den vierten Vers des Liedes vertont. Sowohl der Kantatenteil als dessen Orgelbearbeitung werden besonders in der tiefsten Stimme dominiert von der *figura corta* (dem Rhythmus lang-kurz-kurz), die Bach oft zur Symbolisierung von Freude nutzt. Albert Schweitzer hat die Figur als „Freudenmotiv" bezeichnet.

Die Verwendung der Figur / des Motivs dürfte in dieser Komposition Ausdruck des Wortes „Freudenstunden" sein.

Kantate *Siehe, ich will viel Fischer aussenden (BWV 88)*
Die Kantate „Siehe, ich will viel Fischer aussenden" wurde für den fünften Sonntag nach Trinitatis geschrieben. Informationen zur Thematik und den an diesem Sonntag vorgesehenen Lesungen finden sich weiter oben bei den Erläuterungen zur Kantate BWV 93. Diese übereinstimmende Verwendung erklärt auch, warum beide Kantaten mit der Schlussstrophe des Liedes „Wer nur den lieben Gott lässt walten" enden.

Kantate 88 erklang erstmals während des Gottesdienstes am 21. Juli 1726 in der Leipziger Nicolaikirche. In jenem Jahr führte Bach achtzehn Kantaten Johann Ludwig Bachs (1677-1731), Kapellmeister in Meiningen, auf. Diese Kantaten hatten eine besondere Struktur: Sie bestanden aus zwei Teilen, von denen der erste mit einem Text aus dem Alten Testament anfing, gefolgt von einem Rezitativ und einer Arie, und der zweite mit einem Text aus dem Neuen Testament, gefolgt von einer Arie, einem Rezitativ und einen Schlusschoral. Mehr als sieben Kantaten, die Johann Sebastian Bach 1726 komponierte, haben diese Struktur. Eine davon ist Kantate 88, wovon der zweite Teil wohl nach der Predigt oder während des Abendmahls aufgeführt worden ist.

Es fällt auf, dass Bach für dieses Werk keinen Eingangschor komponiert hat, sondern eine Bass-Arie. Der Text stammt aus Jeremia 16, 16: "Siehe, ich will viel Fischer aussenden, spricht der Herr, die sollen fischen." Dass dies Worte des Herrn selbst sind, wird Bach zur Komposition für Bass (*vox Dei*) bewogen haben. Vielleicht wollte er auch eine Parallele zum Anfang des zweiten Teils herstellen: „Jesus sprach zu Simon: Fürchte dich nicht; denn von nun an wirst du Menschen fahen" (Lukas 5, 10). Die Worte ab „Fürchte" werden auch dort von einem Bass gesungen.

Passacaglia *(BWV 582)*
Als Form ist die Passacaglia im frühen siebzehnten Jahrhundert in Spanien aus kurzen Instrumentalimprovisationen zwischen den Strophen eines Liedes entstanden. Die Form entwickelte sich weiter zu einer kontrapunktischen Variationsform über einem sich wiederholenden Bassthema.

Feststeht, dass die Passacaglia BWV 582, wovon das Autograf verloren gegangen ist, zu Bachs frühen Orgelstücken gehört. Aber für eine genaue Datierung fehlen Beweise. In der verwendeten Figuration gibt es Ähnlichkeiten zu Choralbearbeitungen aus dem Orgel-Büchlein, das Bach – nach allgemeiner Annahme: 1713/14 – während seiner Organistentätigkeit in Weimar angelegt hat. Es kann gut sein, dass Bach seine Passacaglia schon in seiner Arnstädter Organistenzeit (August 1703-Juni 1708) komponiert hat.

In dieser Periode unternahm er nämlich eine viermonatige Reise nach Lübeck, um dort den berühmten Organisten Dieterich Buxtehude (ca. 1637-1707) zu hören. Buxtehude hat einen wichtigen Beitrag zur Entwicklung von Ostinato-Werken für Orgel geleistet; er komponierte zwei Ciaconas und eine Passacaglia. Diese Werke wurden ins sogenannte Andreas-Bach-Buch aufgenommen, einer von Bachs ältestem Bruder und erstem Lehrer, Johann Christoph (1671-1721), um 1708 angelegten und um 1713 abgeschlossenen Klaviermusiksammlung. Neben den drei Ostinato-Werken Buxtehudes treffen wir in diesem Manuskript auch die älteste bekannte Abschrift an von Bachs Passacaglia. Es kann durchaus sein, dass Buxtehudes Kompositionen Bach zur Komponieren dieses Stückes anregten.

Eine Neuerung ist, dass Bachs Passacaglia einstimmig mit der Präsentation des Themas anfängt; das war damals unüblich. Aber es ist fraglich, ob das schon in der ursprünglichen Version so war. Im Andreas-Bach-ist das unbegleitete Thema nämlich ohne Taktstriche notiert; diese wurden erst ab der ersten Variation verwendet. Es gibt also zwei gute Argumente für die Annahme, dass Bach seine Passacaglia ursprünglich gleich mit Variation 1 anfangen ließ, wie es auf dieser CD geschieht: Erstens sind bei der Präsentation des Themas im Andreas-Bach-Buch keine Taktstriche notiert und zweitens war es seinerzeit unüblich, um vor der ersten Variation das Ostinato-Thema zu spielen. Das Thema zählt acht Takte, und die ersten vier sind identisch mit dem „Christe (Trio en Passacaille)" aus der Messe du Deuziesme Ton (Livre d'Orgue, 1688) des französischen Komponisten André Raison. Es lässt sich nicht feststellen, ob Bach das Thema Raisons bewusst aufgegriffen hat oder ob die Übereinstimmung einem Zufall geschuldet ist.

Bachs Passacaglia besteht aus einer Reihe von zwanzig Variationen, denen eine Fuge folgt. Die ersten drei Variationen bewegen sich hauptsächlich in Viertel- und Achtelnoten, während ab Variation 6 Bewegungen in Sechzehntelnoten vorherrschen. Mitunter nimmt das Thema die Figuration der begleitenden Stimmen an (Variation 5, 9, 13) oder es klingt versteckt in gebrochenen Dreiklängen (Variation 14 und 15). Im Gegensatz zu Buxtehudes Ostinato-Werken legt Bach das Thema auch über die Oberstimmen (Variationen 11-15). In Variation 16 erklingt erstmals nach sieben Variationen das Thema wieder in seiner ursprünglichen Form im Pedal. Damit setzt eine neue Episode mit Variationen ein, für die eine zunehmende Intensität und Komplexität charakteristisch ist.

Ohne Unterbrechung erfolgt nach der fünfstimmigen zwanzigsten Variation eine Fuge, deren Thema die ersten vier Takte des Passacaglia-Themas bilden. Gleich beim ersten Mal, wenn das Fugenthema erklingt, wird es von einem Kontrasubjekt in Achtelnoten begleitet, in dem sich Elemente aus dem zweiten Teil des Passacaglia-Themas erkennen lassen. Das zweite Kontrasubjekt bewegt sich in Sechzehntelnoten. Im Laufe der Fuge wird das Thema zwölf Mal (in jeder Stimme dreimal) präsentiert, und jedes Mal wird es von den beiden jeweils nacheinander einsetzenden Kontrasubjekten begleitet. Nachdem das Thema zum letzten Mal (im Sopran) erklungen ist, wird mit Material der beiden Kontrasubjekte auf einen auffallenden Akkord im Takt 285 hingearbeitet, den sogenannten neapolitanischen Sextakkord. Nach einer Generalpause folgt eine Coda, die im vorletzten Takt fünfstimmig wird.

Bachs Passacaglia hat viele inspiriert, auch zu diversen theologischen und philosophischen Interpretationen, die zwar sehr spannend sind, aber in erster Linie sehr spekulativ. Auch ohne allerlei tiefsinnige Hypothesen erzählt die Passacaglia noch immer eine spannende Geschichte.

—— 47

Bachs Ripienisten

Pieter-Jan Belder

Das Wort Ripienist ist aus dem Italienischen entlehnt: *ripieno* = voll, (auf-, an)gefüllt. In der Vokal- und Instrumentalmusik werden Ripienisten zur Ergänzung der Concertisten, also der Musiker des solistisch besetzten Concertinos eingesetzt. Im Concerto grosso, wie Arcangelo Corelli es gestaltet hat, hat neben den Concertisten eine zweite Instrumentalisten-Gruppe ihren Platz: die Ripienisten. Bei von Corelli selbst geleiteten Aufführungen bestand die Ripienisten-Gruppe aus einer riesigen Streicheranzahl, ergänzt von einer ganzen Reihe Continuo-Instrumente wie Theorben, Cembali und Orgel. Diese Gruppe wurde zur Verstärkung eingesetzt oder spielte ein Frage und Antwort-Spiel mit den Solisten im Concertino.

Im kirchlichen Vokalrepertoire des sechzehnten, siebzehnten und achtzehnten Jahrhunderts wurden ebenfalls schon Concertisten und Ripienisten eingesetzt. Auf den ersten Blick scheint neben den Solisten einfach ein Chor, wie wir ihn heute kennen, zum Einsatz gekommen zu sein. In Wirklichkeit aber sangen Concertisten das gesamte Werk – sowohl die Chorstücke als auch die Solopassagen – und die Ripienisten verstärkten bestimmte Passagen in den Chören oder gar ganze Chöre. Diese Praxis war zu Bachs Zeit noch gängig.

In vierzehn Vokalwerken[1] aus seinem Kantatenschaffen schreibt Bach ausdrücklich den Einsatz von Ripienisten vor. Daraus können wir schließen, dass es sich hier um Ausnahmen handelt. Noch wichtiger ist die Feststellung, dass Bach in diesen vierzehn Werken separate Stimmen anfertigte, während in allen anderen Fällen nur eine Partitur pro Stimme vorhanden war. Gewöhnlich gab Bach in Stimmen sowohl die Chöre als auch die Arien wieder. Das zeigt, dass ein und derselbe Sänger alle diese Bestandteile übernahm und dass vom selben Notenblatt keine Ripienisten mitsangen. Für Ripienisten schrieb Bach eine eigene Stimme aus.

Im ersten Teil unserer Serie Bach im Context bin ich ausführlich auf die Theorie der solistischen Chorbesetzung bei Bach eingegangen – eine Theorie, die immer noch heftige Diskussionen auslöst, aber durch oben genannte Praxis sehr wahrscheinlich ist. Der Chor ist darin kein Chor im heutigen Wortsinne, sondern setzt sich aus vier Sängern zusammen, die neben den Chören auch

1. Es handelt sich um die folgenden Kantaten: *Gott ist mein König* BWV 71, *Christen, ätzet diesen Tag* BWV 63, *Die Himmel erzählen die Ehre Gottes* BWV 76, *Ich hatte viel Bekümmernis* BWV 21, *Johannes-Passion* BWV 245, *Unser Mund sei voll Lachens* BWV 110, *Geschwinde, ihr wirbelnden Winde* BWV 201, *Wir danken dir* BWV 29, *Dem Gerechten muss das Licht* BWV 195, *Jesus nahm zu sich die Zwölfe* BWV 22, *Die Elenden sollen essen* BWV 75, *Ein ungefärbt Gemüte* BWV 24, *Missa in A Dur* BWV 234 und *Gloria in excelsis Deo* BWV 191.

die Solopassagen übernahmen. Näheres hierzu finden Sie im entsprechenden Artikel des Buchs zur CD *Jesu, meine Freude.*

Bach beklagt sich 1730 beim Leipziger Rat, seinem Arbeitgeber, über die mangelnde Qualität (und Quantität) seines Chores und Orchesters für die Aufführung seiner Kirchenmusik. Die ihm zur Verfügung stehenden Vokalisten teilte er in die Kategorien *Ausschuss*, für die Aufführung seiner konzertierenden Kirchenmusik „noch nicht zu gebrauchende" und „zu gebrauchende" ein. Wer „noch nicht zu gebrauchen" war, um Bachs anspruchsvolle Musik zu Gehör zu bringen, durfte einfache Motetten singen. Der Ausschuss wurde eingesetzt, um einfache Choralsätze aufzuführen. Es ist möglich, dass Bach in den seltenen Fällen, in denen er Ripienisten vorschreibt, auf die „noch nicht zu gebrauchende" Gruppe zurück. Genauso gut lässt sich übrigens die Annahme vertreten, dass Bach in diesen Ausnahmefällen zusätzliche gut ausgebildete Sänger nutzen konnte. In der *Johannes-Passion* wird ja zum Beispiel von den Ripienisten beinahe so viel verlangt wie von den Concertisten.

Im Projekt Bach im Kontext wird so weit wie möglich von dem ausgegangen, was zu Bachs Aufführungspraxis bekannt ist. Zugleich brauchen wir aber nicht allzu dogmatisch vorzugehen. Die Kantate *Wer nur den lieben Gott lässt walten* BWV 93 gehört nicht zu der Werkkategorie, für die Bach den Einsatz von Ripienisten vorgeschrieben hat. Aber im Eingangschor der Kantate 93 fügt der Einsatz von Ripienisten dennoch etwas hinzu. In diesem Teil geht dem vierstimmigen, ziemlich homofonen Choralsatz des Liedes *Wer nur den lieben Gott lässt* walten bei jeder Strophe eine recht solistische Exposition jeder Verszeile voraus. Durch die Entscheidung, den Choralsatz im Eingangschor mit weiteren Sängern zu besetzen, kommt die Werkstruktur noch besser zur Geltung. Natürlich wird auch der Schlusschoral so besetzt.

Ein weiteres, wenn auch anders gelagertes Beispiel für den Einsatz von Ripienisten ist die Motette *Fürchte dich nicht* BWV 228. Wie die meisten Motetten Bachs ist auch diese für acht A-cappella-Sänger geschrieben, eventuell begleitet von einer Basso-continuo-Gruppe[2]. Von Bachs Motette *Der Geist hilft unser Schwachheit auf* BWV 226 sind jedoch in Bachs Handschrift die originalen Stimmen für ein instrumentales Ripieno-Ensemble erhalten. Die doppelchörige Motette wird begleitet von zwei Gruppen Instrumentalisten: Streicher bei dem einen Chor und Holzbläser beim anderen. Durch die Klangunterschiede zwischen den beiden Gruppen wird der Effekt der Doppelchörigkeit noch verstärkt. Wiederum ein Argument, dass dafür spricht, auch in *Fürchte dich nicht* instrumentale Ripienisten einzusetzen.

Siehe Bild Seite 54.

2. Die Ausnahme ist die Motette *O Jesu Christ, mein's Lebens Licht*, BWV 118/231.

49

DE

Die Müller-Orgel in der Waalse Kerk, Amsterdam

1680 fertigte der Genter Orgelbauer Nicolaas Langlez die erste Orgel der Waalse Kerk an. Davon sind das Orgelgehäuse (mit Jahreszahl 1680) und einige Register erhalten geblieben. Gustav Leonhardt (1928 - 2012), von 1959 bis 1982 Organist der Waalse Kerk, vermutete aus stilistischen Gründen, dass Langlez ein schon bestehendes Hauptwerkgehäuse nach Amsterdam mitgebracht hat und dort den Orgelprospekt und das Gehäuse des Rückpositivs ergänzen ließ.

Anscheinend genügte die Orgel den Ansprüchen nicht, denn in den Jahren danach wurde viel an ihr herumgedoktert, u.a. vom Orgelbauer Gerard van Giessen, der 1702 und 1706 verschiedene Reparaturen ausgeführt hat. 1710 wurden die Bälge erneuert, aber offenbar wiederum nicht zur Zufriedenheit der Auftraggeber. Schließlich erhielt 1733 Christian Müller, der seit 1722 für die Wartung der Orgel zuständig war, den Auftrag zum Bau einer ganz neuen Orgel. Sie wurde nur ein Jahr später übergeben. Müller erneuerte die Windladen, die Mechanik, die Klaviaturen und die Windzufuhr. Die Orgel bekam ein selbstständiges Pedal, wofür Müller hinter dem Hauptwerk ein neues Gehäuse auf dem Balghaus baute. Um dem Pedalwerk genügend Klangpräsenz zu verleihen, brachte er im Dach des Orgelgehäuses eine Luke an, die mit einem Seil zu bedienen war. Bei der Restaurierung 1965 wurde diese Mechanik wiederhergestellt.

1777 wurde die Orgel von Jan Muller repariert. 1822 und 1843 nahm van de Brink Reparaturen an der Orgel und einige Änderungen in der Disposition vor. 1891 und 1897 wurde die Orgel vom Orgelbauer van Dam mittels verschiedener Eingriffe den Anforderungen der Zeit angepasst. Leonhardt bezeichnete das als "ein schwarzes Jahr" in der Geschichte dieser Orgel, aber zum Glück hielt sich der Schaden in Grenzen.

1960 entschied man sich für eine Restaurierung, die das Instrument weitestgehend in den Zustand versetzen sollte, in dem Müller sie 1734 fertiggestellt hatte. Diese Restaurierung wurde von der Firma Ahrend & Brunzema ausgeführt und 1965 abgeschlossen. 1993 erfolgte eine weitere Restaurierung durch Henk van Eeken.

Disposition Organ Waalse Kerk, Amsterdam
Dispositie Orgel Waalse Kerk, Amsterdam
Disposition Orgel Waalse Kerk, Amsterdam

Nicolaas Langlez 1680
Christian Müller 1734
Ahrend & Brunzema 1965
Henk van Eeken 1993

HOOFDWERK C-c'''

Prestant	16'	(1734) Discant dubbel
Prestant	8'	(1734) Discant dubbel
Roerfluit	8'	(1734)
Quintadeen	8'	(1734)
Octaaf	8'	(1734)
Quint	3'	(1734) Discant dubbel
Gemshoorn	2'	(1734)
Mixtuur	2' IV-VI	(1734)
Trompet	16'	(1734, 1965)
Trompet	8'	(1734)
Vox Humana	8'	(1734)
Tremulant		

PEDAAL C-d'

Bourdon	16'	(1680)
Prestant	8'	(1680, 1965)
Roerquint	6'	(1680)
Octaaf	4'	(1734)
Nachthoorn	2'	(1734)
Fagot	16'	(1734)
Trompet	8'	(1734)

RUGWERK C-c'''

Prestant	8'	(1734) Discant dubbel
Holpijp	8'	(1680)
Octaaf	4'	(1680)
Quint	3'	(1965) Discant dubbel
Octaaf	2'	(1734)
Terts	1 3/5'	(1965) ab c
Mixtuur	1 3/5' III - IV	(1965)
Scherp	VI	(1965, 1993)
Tremulant		

Manuaalkoppel | Pedaalkoppel | 3 ventielen | Winddruk: 84 mm
Toonhoogte: a' = 466 Hz | Temperatuur: Neidhardt

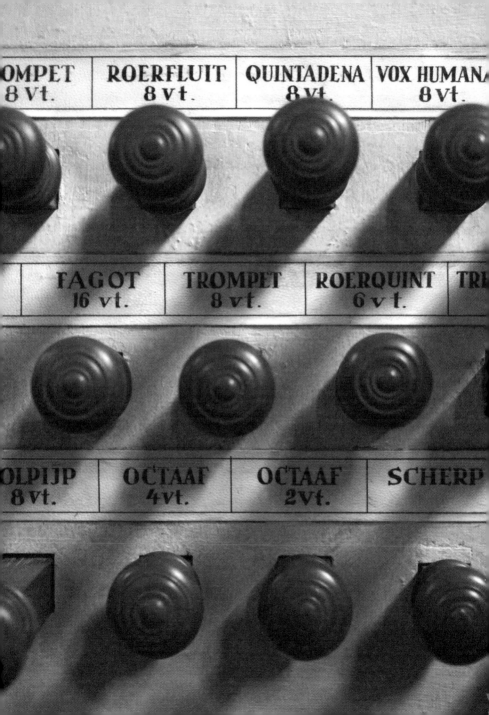

Part for soprano (left) and soprano in ripieno (right) from cantata Gott ist mein König BWV 71, one of the fourteen cantatas for which Bach prescribes ripieno singers explicitly.

Partij voor sopraan (links) en voor sopraan in ripieno (rechts) uit cantate Gott ist mein König BWV 71, één van de veertien cantates waar Bach nadrukkelijk ripieno-zangers voorschrijft.

Noten für Sopran (links) und Sopran in ripieno (rechts) aus der Kantate Gott ist mein König BWV 71, eine der vierzehn Kantaten für welche Bach ausdrücklich Ripieno-Sänger vorschreibt.

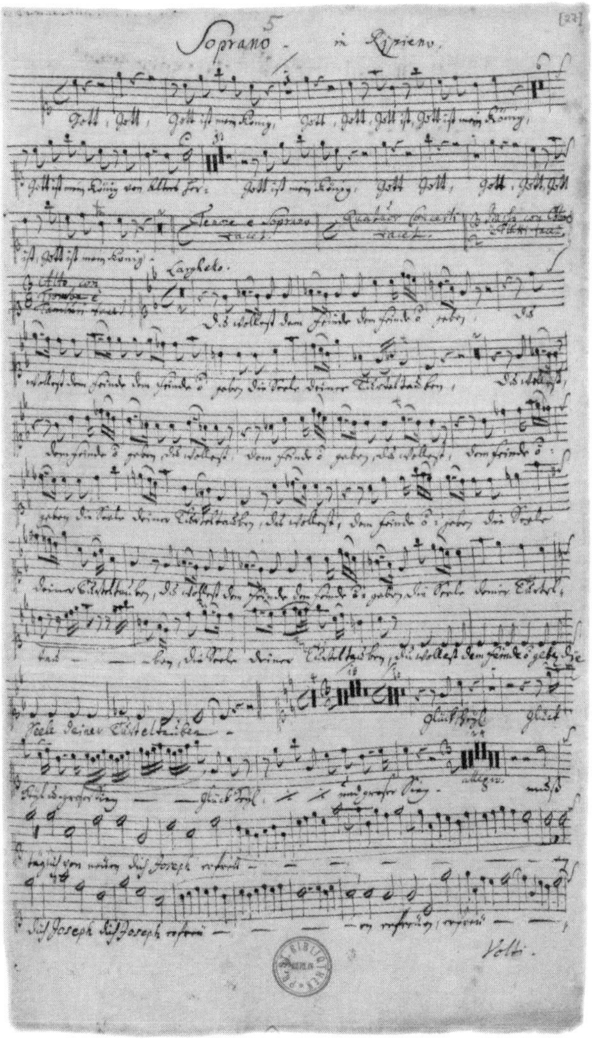
Soprano in Ripieno
Volti

Organ part of cantata 'Wer nur den Lieben Gott lässt walten' BWV 93 in Bach's handwriting. The part is noted down one tone lower than those of the other instruments. The transposition was necessary because the organs Bach used had a high pitch (Chorton, a = ± 466 Hz) and the other instruments a low pitch (Cammerton, a = ± 415 Hz). The transposition one tone down results in an organ part in B flat minor, whereas the other instruments play in C minor.

Orgelpartij van cantate 'Wer nur den Lieben Gott lässt walten' BWV 93 in Bachs handschrift. De partij is een hele toon lager genoteerd dan die van de overige instrumenten. De transpositie was nodig omdat de orgels die Bach gebruikte, een hogere stemming (Chorton, a = ± 466 Hz) hadden en de overige instrumenten op een lage toonhoogte (Cammerton, a = ± 415 Hz) gestemd waren. De transpositie een hele toon naar beneden levert hier een orgelpartij in bes kleine terts op. De overige instrumenten spelen in c kleine terts.

Orgelnoten aus der Kantate 'Wer nur den Lieben Gott lässt walten' BWV 93 in Bachs Handschrift. Die Noten sind einen Ton niedriger notiert als die der übrigen Instrumenten. Die Transposition war notwendig weil die Orgel, die Bach benutzt hatte, eine hohe Stimmung hatten (Chorton, a = ± 466 Hz) und die andere Instrumente eine niedrige Stimmung (Cammerton, a = ± 415 Hz). Die Transposition bringt Orgelnoten in B-moll, die andere Instrumente spielen in C-moll.

Wer nur den lieben Gott lässt walten

KANTATE BWV 93

Der Kantate liegt Georg Neumarks Lied „Wer nur den lieben Gott lässt walten" zugrunde. Der Eingangschor ist eine groß angelegte Bearbeitung der ersten Strophe des Chorals. Die Soprane singen die Melodie. Jeder Melodiezeile geht ein Instrumentalritornell voraus. Ferner werden die ersten zwei Zeilen vokal von den Sopranen und Alten eingeleitet, die Zeilen 3 und 4 von den Tenören und Bässen und die beiden letzten Zeilen vom ganzen Chor.

1. Coro
Wer nur den lieben Gott lässt walten
und hoffet auf ihn allezeit,
den wird er wunderlich erhalten
in allem Kreuz und Traurigkeit.
Wer Gott, dem Allerhöchsten, traut,
der hat auf keinen Sand gebaut.

Das Rezitativ ist eine Mischung aus freien Verszeilen und Verszeilen aus der zweiten Strophe von Neumarks Choral. Bei den Liedzeilen variiert Bach die entsprechenden Melodiezeilen. Für die übrigen Zeilen komponierte er ein Rezitativ.

2. Choral e Recitativo B
Was helfen uns die schweren Sorgen?
Sie drücken nur das Herz mit Zentnerpein,
mit tausend Angst und Schmerz.
Was hilft uns unser Weh und Ach?
Es bringt nur bitteres Ungemach.
Was hilft es, dass wir alle Morgen
mit Seufzen von dem Schlaf aufstehn
und mit beträntem Angesicht
des Nachts zu Bette gehn?
Wir machen unser Kreuz und Leid
durch bange Traurigkeit nur grösser.
Drum tut ein Christ viel besser,
er trägt sein Kreuz mit christlicher Gelassenheit.

The cantata is based on the chorale 'Wer nur den lieben Gott lässt walten' van Georg Neumark. The opening choral movement is a large-scale setting of the first verse, with the melody in the soprano line, with each line of the melody being introduced by an instrumental ritornello. The first two lines are led vocally by the soprano and alto lines, the third and fourth lines by the tenor and bass lines, and the two closing lines by all the vocal parts.

1. Chorus
The man who leaves to God all power
and hopeth in him all his days,
he will most wondrously protect him
through ev'ry cross and sad distress.
Who doth in God Almighty trust
builds not upon the sand his house.

This recitative is a combination of newly-written verse and original verse-texts from the second stanza of the chorale. Bach sets the original verse-texts to variations on the melodies associated with them, and the paraphrase texts as recitative.

2. Chorale and Recit B
What help to us are grievous worries?
They just oppress the heart
with heavy woe, with untold fear and pain.
What help to us our "woe and ah!"?
It just brings bitter, sad distress.
What help to us that ev'ry morning
with sighing from our sleep to rise
and with our tearstained countenance
at night to go to bed?
We make ourselves our cross and grief
through anxious sadness only greater.
So fares a Christian better; he bears his cross
with Christ-like confidence and calm.

De cantate is gebaseerd op het lied 'Wer nur den lieben Gott lässt walten' van Georg Neumark. Het openingskoor is een groots opgezette bewerking van de eerste strofe van het lied. De melodie wordt door de sopranen gezongen. Elke melodieregel wordt voorafgegaan door een instrumentaal ritornello. Bovendien worden de eerste twee regels vocaal ingeleid worden door sopranen en alten, de regels 3 en 4 door tenoren en bassen en de twee slotregels door het hele koor.

1. Koor
Wie maar de goede God laat zorgen
en op Hem hoopt te allen tijd
die zal Hij wonderbaar bewaren
in alle pijn en verdriet.
Wie God de Allerhoogste vertrouwt
die heeft niet op zand gebouwd.

Het recitatief is een mengeling van vrije dichtregels en versregels uit de tweede strofe van Neumarks lied. Bij de liedregels varieert Bach op de bijbehorende melodieregels. Voor de overige regels componeerde hij een recitatief.

2. Koraal en Recitatief B
Wat helpen ons de zware zorgen?
zij drukken alleen op het hart als een loden last,
met duizend angsten en pijnen.
Wat helpt ons ach en wee?
Het brengt ons slechts bittere hinder.
Wat helpt het dat wij elke morgen
zuchtend uit de slaap opstaan
en met betraand gezicht 's
nachts naar bed gaan?
Wij maken onze pijn en ons leed
door bang te treuren slechts groter.
Daarom doet een christen er beter aan
zijn kruis met christelijke aanvaarding te dragen.

Die Melodie von Neumarks Choral hat die
sogenannte Barform (A-A'-B), das heißt:
Die ersten zwei Melodiezeilen werden in
den Zeilen 3 und 4 wiederholt, wonach der
zweite, abschließende Teil folgt. Diese Form
hat Bach auch für diese Arie verwendet.
Er hat den Anfang der Choralmelodie,
aber dann in Dur, zum Schreiben einer
menuettartigen Komposition genutzt. Das
„stillhalten" wird dabei plastisch dargestellt
durch die Achtelpause.

3. Aria T

Man halte nur ein wenig stille,
wenn sich die Kreuzesstunde naht,
Denn unsres Gottes Gnadenwille
verlässt uns nie mit Rat und Tat.
Gott, der die Auserwählten kennt,
Gott, der sich uns ein Vater nennt,
wird endlich allen Kummer wenden
und seinen Kindern Hilfe senden

Während es in der Tenorarie um die
„Kreuzesstunde" ging, handelt das
Duett zwischen Sopran und Alt von den
„Freudenstunden". Das rhythmische Motiv
lang-kurz-kurz war bei Bach oft Symbol für
Freude; wir hören es auch in dieser Arie
fortwährend. Die Singstimmen singen den
Text der vierten Strophe von Neumarks
Choral. Die Liedmelodie wird instrumental
von Unisono-Streichern gespielt.

4. Aria (Duetto) S A

Er kennt die rechten Freudesstunden,
er weiss wohl, wenn es nützlich sei;
wenn er uns nur hat treu erfunden
und merket keine Heuchelei,
so kömmt Gott, eh wir uns versehn,
und lässet uns viel Guts geschehn.

The melody in Neumark's chorale takes the so-called Bar-form: the first two lines of melody are repeated in lines three and four, with the final two lines forming the second part. Bach has adopted the same form for this aria. He has used the opening of the chorale melody, but in a major tonality, as the basis of a menuet-like piece. 'Stilhalten' (keep calm and still) is illustrated by quaver rests.

3. Aria T

If we be but a little quiet
whene'er the cross's hour draws nigh,
for this our God's dear sense of mercy
forsakes us ne'er in word or deed.
God, who his own elected knows,
God, who himself our "Father" names,
shall one day ev'ry trouble banish
and to his children send salvation.

In contrast to the 'Kreuzesstunde' ('hour of the cross') in the preceding movement, 'Freudenstunde' ('hour for joy') is central to this soprano and alto duet. Bach often employed the long-short-short rythmic motif to represent joy, and it is ever-present in this aria. The text is the fourth verse of Neumark's chorale, and the chorale tune is played by the strings in unison.

4. Aria (Duet) S A

He knows the proper time for gladness,
He knows well when it profit brings;
if he hath only faithful found us
and marketh no hypocrisy,
then God comes, e'en before we know,
and leaves to us much good result.

De melodie van Neumarks lied heeft de zogenaamde Bar-vorm, dat wil zeggen: de eerste twee melodieregels worden in de regels 3 en 4 herhaald, waarna het tweede afsluitende deel volgt. Deze vorm heeft Bach ook voor deze aria gebruikt. Het begin van de koraalmelodie, maar dan in majeur, heeft hij gebruikt om een menuet-achtige compositie te schrijven. Het 'stillhalten' (rustig blijven, zich stilhouden) is daarbij plastisch uitgebeeld door de achtste rusten.

3. Aria T

Men zou zich wat rustig moeten houden
als het lijdensuur nadert.
Want de genadewil van onze God
verlaat ons nooit met raad en daad.
God die de uitverkorenen kent,
God die Zich ons een Vader noemt,
zal uiteindelijk alle ellende afwenden
en zijn kinderen hulp zenden.

Tegenover de 'Kreuzesstunde' uit het vorige deel, staat in het duet tussen sopraan en alt de 'Freudenstunden' centraal. Het ritmische motiefje lang-kort-kort stond bij Bach vaak symbool voor vreugde en horen we ook in deze aria voortdurend. De zangstemmen zingen de tekst van de vierde strofe uit Neumarks lied. De liedmelodie wordt instrumentaal uitgevoerd door unisono-strijkers.

4. Aria (Duet) S A

Hij kent het juiste uur van vreugde,
Hij weet wel wanneer dat heilzaam is;
Wanneer Hij ons enkel trouw bevonden heeft,
en geen huichelarij aantreft,
dan komt God, voordat wij erop bedacht zijn,
en laat Hij ons veel goeds overkomen.

In diesem ausführlichen Rezitativ wird die
gesamte fünfte Strophe von Neumarks
Choral zitiert, aber wie in Nr. 2 folgen auf
jede Zeile freie Verszeilen. Die Musik setzt
sich aus bearbeiteten Melodiefragmenten
und rezitativartigen Teilen zusammen.
Auffallend ist die musikalische Umsetzung
von „Blitz und Donner" und „schwüles
Wetter".

5. Choral und Recitativo T

Denk nicht in deiner Drangsalhitze,
wenn Blitz und Donner kracht
und die ein schwüles Wetter bange macht,
dass du von Gott verlassen seist.
Gott bleibt auch in der grössten Not,
ja gar bis in den Tod
mit seiner Gnade bei den Seinen.
Du darfst nicht meinen,
dass dieser Gott im Schosse sitze,
der täglich wie der reiche Mann,
in Lust und Freuden leben kann.
Der sich mit stetem Glücke speist,
bei lauter guten Tagen,
muss oft zuletzt,
nachdem er sich an eitler Lust ergötzt,
"Der Tod in Töpfen" sagen.
Die Folgezeit verändert viel!
Hat Petrus gleich die ganze Nacht
mit leerer Arbeit zugebracht
und nichts gefangen:
auf Jesu Wort kann er noch
einen Zug erlangen.
Drum traue nur in Armut,
Kreuz und Pein
auf deines Jesu Güte
mit gläubigem Gemüte;
nach Regen gibt er Sonnenschein
und setzet jeglichem sein Ziel.

The fifth verse of Neumark's chorale is used in this extensive recitative, but just as in the second movement, lines of free verse are inserted after every line of the original text. The music is again a combination of worked elements of the chorale melody and recitative writing. The musical expression of 'Blitz und Donner' (lightning and thunder), and 'schwüles' ('oppressive') weather is striking.

5. Chorale and Recit T

Think not within thy trial by fire,
when fire and thunder crack
and thee a sultry tempest anxious makes,
that thou by God forsaken art.
God bides e'en in the greatest stress,
yea, even unto death
with his dear mercy midst his people.
Thou may'st not think then
that this man is in God's lap sitting
who daily, like the wealthy man,
in joy and rapture life can lead.
Whoe'er on constant fortune feeds,
midst nought but days of pleasure,
must oft at last,
when once he hath of idle lust his fill,
"The pot is poisoned!" utter.
Pursuing time transformeth much!
Did Peter once the whole night long
with empty labors pass the time
and take in nothing?
At Jesus' word he can e'en yet
a catch discover.
Midst poverty then trust,
midst cross and pain,
trust in thy Jesus' kindness
with faithful heart and spirit.
When rains have gone, he sunshine brings,
appointing ev'ry man his end.

In dit uitgebreide recitatief wordt de complete vijfde strofe uit Neumarks lied geciteerd, maar evenals bij deel 2 zijn na elke regel vrije dichtrgels gevoegd. De muziek is een combinatie van bewerkte melodiefragmenten en recitatief-achtige gedeelten. Opvallend is de muzikale uitbeelding van 'Blitz und Donner' en 'schwüles Wetter'.

5. Koraal en Recitatief T

Denk niet in de hitte van de strijd
als bliksem en donder kraken
en zwaar weer je bang maakt
dat je door God verlaten bent.
God blijft ook in de grootste nood,
ja zelfs tot in de dood
met zijn genade bij de zijnen.
Je moet niet denken
dat deze God met de armen over elkaar zit
zoals een rijke man
die in plezier en genot leven kan,
die zich tegoed doet aan voortdurend geluk
op louter goede dagen
maar die tenslotte
na zich aan ijdel genot vermaakt te hebben
moet zeggen 'De dood in de pot!'.
De volgende tijd verandert veel!
Heeft Petrus niet de hele nacht
doorgebracht met vergeefse arbeid
en niets gevangen?
Op Jezus' woord kan hij nog
een trek maken.
Daarom: vertrouw slechts in armoede,
kruis en pijn
op de goedheid van Jezus
met een gelovig hart.
Na regen schenkt Hij zonneschijn
en geeft ieder zijn doel.

Die aufwärtsgerichtete Bewegung, die
die Anfangsworte "Ich will auf den Herren
schaun" voraussetzen, wird vom Sopran
mittels einer steigenden Melodielinie
dargestellt. Diese Aufwärtsbewegung
hören wir während der gesamten Arie
auch vielfach in der Oboenpartie. Diese
Arie zitiert eine Verszeile aus Strophe 6
von Neumarks Choral ("Er ist der rechte
Wundersmann") und lässt an zwei Stellen
Fragmente der Choralmelodie erklingen.

6. Aria S

Ich will auf den Herren schaun
und stets meinem Gott vertraun.
Er ist der rechte Wundermann.
Der die Reichen arm und bloss
und die Armen reich und gross
nach seinem Willen machen kann.

Den Schlussvers von Neumarks Choral hat
Bach als vierstimmigen Chorsatz ausgesetzt;
er fungiert als zusammenfassende
Conclusio.

7. Choral

Sing, bet und geh auf Gottes Wegen,
verricht das Deine nur getreu
und trau des Himmels reichem Segen,
so wird er bei dir werden neu;
denn welcher seine Zuversicht
auf Gott setzt, den verlässt er nicht.

The upwards movement suggested by the opening words 'I will look towards the Lord' are illustrated with a rising melodic line for the soloist, a motif that is also heard several times throughout the whole aria in the oboe. The text quotes one line of verse from the sixth stanza of Neumark's chorale ('Er ist der rechte Wundersmann') ('He is the true miracle-worker'), and fragments of the chorale melody can be heard in two places.

De opwaartse beweging die de beginwoorden 'ik wil naar de Heer uitzien' veronderstellen, wordt door de sopraan uitgebeeld door een stijgende melodische lijn. Deze opwaartse beweging horen we ook gedurende de gehele aria veelvuldig in de hobopartij. De aria citeert één versregel uit strofe 6 van Neumarks lied ('Er ist der rechte Wundersmann') en laat op twee plaatsen fragmenten van de koraalmelodie horen.

6. Aria S

I will to the Lord now look
and e'er in my God put trust.
He worketh truly wonders rare.
He can wealthy, poor and bare,
and the poor, both rich and great,
according to his pleasure make.

6. Aria S

Ik wil opzien naar de Heer
en steeds mijn God vertrouwen.
Hij is het die waarachtig wonderen doet.
Die de rijken arm en leeg
die de armen rijk en groot
maken kan naar zijn wil.

The closing verse of Neumark's chorale is set for four-voice choir, and serves as a summarising conclusion.

De slotstrofe van Neumarks lied, die Bach voorzien heeft van een vierstemmige koorzetting, functioneert als samenvattende conclusie.

7. Chorale

Sing, pray, and walk in God's own pathways,
perform thine own work ever true
and trust in heaven's ample blessing,
then shall he stand by thee anew;
for him who doth his confidence
rest in God, he forsaketh not.

7. Koraal

Zing, bid en ga op Gods wegen
verricht het jouwe maar getrouw
en vertrouw de rijke zegen van de hemel
dan zal die voor jou nieuw worden.
Want wie op God vertrouwt
die verlaat Hij niet.

Fürchte dich nicht

Motette BWV 228

1. Chor I & II
Fürchte dich nicht, ich bin bei dir;
weiche nicht, denn ich bin dein Gott;
ich stärke dich,
ich helfe dir auch,
ich erhalte dich
durch die rechte Hand meiner Gerechtigkeit.
(Isaiah 41:10)

2. Chor I & II A T B
Fürchte dich nicht,
denn ich habe dich erlöset;
ich habe dich bei deinem Namen gerufen,

du bist mein.
(Isaiah 43:1)

Choral I & II S
Herr, mein Hirt, Brunn aller Freuden!
Du bist mein,
ich bin dein,
niemand kann uns scheiden.
Ich bin dein, weil du dein Leben
und dein Blut,
mir zu gut,
in den Tod gegeben.
Du bist mein, weil ich dich fasse
und dich nicht,
o mein Licht,
aus dem Herzen lasse!
Lass mich, lass mich hingelangen,
wo du mich
und ich dich
lieblich werd umfangen.

1. Chorus I & II

Fear have thou none, I am with thee;
waver not, for I am thy God.
I strengthen thee,
I also help thee,
I uphold thee
through the right hand of mine own
righteousness.
[Isaiah 41:10]

2. Chorus I & II A T B

Fear have thou none,
for I have now thee delivered,
I have thee by thy name now called
and summoned,
thou art mine!
[Isaiah 43:1]

Chorale I & II S

Shepherd, Lord, fount of all pleasure,
Thou art mine,
I am thine,
no one can divide us.
I am thine, for thou thy life didst
and thy blood
for my good
unto death surrendered.
Thou art mine, for I shall clasp thee
and shall not thee,
o my light,
from my heart release.
Let me, let me hither journey
where thou me
and I thee
fondly be embracing.

1. Koor I & II

Wees niet bang, Ik ben met u,
raak niet van streek, want Ik ben uw God.
Ik sterk u,
ook help Ik u,
Ik ondersteun u
met Mijn rechtvaardige rechterhand,
(Jesaia 41:10)

2. Koor I & II A T B

Wees niet bang,
want Ik heb u verlost;
Ik heb je bij je naam geroepen,

je bent van Mij.
(Jesaia 43:1)

Koraal I & II S

Heer, mijn herder, bron van alle vreugde!
U bent van mij,
ik ben van U,
niemand kan ons scheiden.
Ik ben van U, omdat U uw leven
en uw bloed
mij ten goede
in de dood gegeven hebt.
U bent van mij, omdat ik U vastgrijp
en U niet,
o mijn licht,
uit mijn hart loslaat!
Laat mij, laat mij daar komen
waar U mij
en ik U
liefdevol zal omhelzen.

Schau, lieber Gott, wie meine Feind

Über David Denickes Choral von 1646, mit dem die Kantate anfängt, stand ursprünglich: „wider die drey geistl. Feinde". Sie werden in der vorletzten Zeile der ersten Strophe genannt. Das Lied wurde nach der Melodie "Ach Gott, vom Himmel, sieh darein" gesungen, Luthers Neudichtung von Psalm 12, wofür der Reformator vermutlich auch selbst die Melodie komponierte.

1. Choral

Schau, lieber Gott, wie meine Feind,
damit ich stets muss kämpfen,
so listig und so mächtig seind,
dass sie mich leichtlich dämpfen!
Herr, wo mich deine Gnad nicht hält,
so kann der Teufel, Fleisch und Welt
mich leicht in Unglück stürzen.

Im Secco-Rezitativ für Alt erfleht der Gläubige Gottes Hilfe gegen „Löwen und Drachen" (Psalm 57), die ihm nach dem Leben trachten.

2. Recitativo A

Mein liebster Gott, ach lass dichs doch erbarmen,
ach hilf doch, hilf mir Armen!
Ich wohne hier bei lauter Löwen
und bei Drachen,
und diese wollen mir
durch Wut und Grimmigkeit
in kurzer Zeit
den Garaus völlig machen.

Originally, 'wider die drey gestl. Feinde'
('against the three spiritual enemies') was
written above this 1646 chorale by David
Denicke, and the three enemies are named
in the second-last line of the first verse.
The chorale is sung to the melody of 'Ach
Gott, vom Himmel sieh darein', Luther's
paraphrase of Psalm 12, for which he
probably also wrote the tune.

1. Chorale

Behold, dear God, how all my foes,
with whom I e'er must battle,
so cunning and so mighty are
that they with ease subdue me!
Lord, if thy grace sustain me not,
then can the devil, flesh and world
with ease to ruin bring me.

In this secco recitative, the faithful calls on
God's help against the 'lions and dragons'
(Psalm 57) that threaten him.

2. Recit A

My dearest God, ah, grant me yet thy mercy,
ah, help me, help this wretch now!
I dwell here now midst very lions
and midst serpents,
and they desire for me
through rage and cruelty
with no delay
my finish to accomplish.

Boven het lied uit 1646 van David Denicke,
waarmee de cantate opent, stond oorspronkelijk: 'wider die drey geistl. Feinde'. De drie
vijanden worden in de voorlaatste regel van
het eerste couplet genoemd. Het lied werd
gezongen op de melodie 'Ach Gott, vom
Himmel sieh darein', Luthers herdichting van
Psalm 12 waarvoor de reformator waarschijnlijk ook zelf de melodie componeerde.

1. Koraal

Zie, lieve God, hoe mijn vijanden,
waarmee ik steeds moet strijden,
zo listig en zo machtig zijn,
dat zij mij met gemak eronder krijgen!
Heer, waar uw genade mij niet staande houdt,
daar kunnen duivel, vlees en wereld
mij gemakkelijk in het ongeluk storten.

In het secco-recitatief voor alt roept de
gelovige goddelijke hulp in tegen 'leeuwen
en draken' (Psalm 57) die hem naar het
leven staan.

2. Recitatief A

Mijn liefste God, ach wil u toch ontfermen,
ach help toch, help mij arm wezen!
Ik woon hier bij enkel leeuwen
en draken,
en die willen mij
met woeste razernij
in korte tijd
volledig afmaken.

Der Bass (Symbol für die Stimme Gottes)
reagiert auf das Rezitativ mit den Worten
von Jesaja 41, 10. Die Begleitung besteht
aus einem Basso-ostinato-Thema von acht
Takten, das in verschiedenen Tonhöhen
wiederholt wird. Diese Wiederholungstechnik
symbolisiert wahrscheinlich die Ermutigung:
„Weiche nicht!"

3. Aria B

Fürchte dich nicht, ich bin mit dir.
Weiche nicht, ich bin dein Gott;
ich stärke dich,
ich helfe dir auch durch die rechte Hand
meiner Gerechtigkeit.

Mittels vieler Zitate aus den Psalmen, den
Klageliedern und dem Neuen Testament
werden im Rezitativ die Gefahren des
Lebens und auch die Notwendigkeit von
Gottes Hilfe ausgedrückt.

4. Recitativo T

Du sprichst zwar, lieber Gott,
zu meiner Seelen Ruh
mir einen Trost in meinen Leiden zu.
Ach, aber meine Plage
vergrössert sich von Tag zu Tage,
denn meiner Feinde sind so viel,
mein Leben ist ihr Ziel,
ihr Bogen wird auf mich gespannt,
sie richten ihre Pfeile zum Verderben,

ich soll von ihren Händen sterben;
Gott! meine Not ist dir bekannt,
die ganze Welt wird mir zur Marterhöhle;

hilf, Helfer, hilf! errette meine Seele!

The bass – here representing the voice of God – responds to the foregoing recitative with text from Isaiah 41:10. The accompanying 8-bar basso-ostinato theme, repeated at various pitches, seems to symbolise encouragement to persevere.

De bas (symbool voor de stem van God) reageert op het recitatief met de woorden uit Jesaja 41 vers 10. De begeleiding bestaat uit een basso-ostinato-thema van acht maten, dat op verschillende toonhoogten herhaald wordt. Deze herhalingstechniek symboliseert waarschijnlijk de aanmoediging: houd vol!

3. Aria B

Fear have thou none, I am with thee.
Waver not, I am thy God;
I strengthen thee,
I also help thee through the right hand
of mine own righteousness.

The inherent dangers of life, and the necessity of God's help, are presented in passages from Psalms and Lamentations, and from the New Testament.

3. Aria B

Wees niet bang, want Ik ben met u.
Raak niet van streek, want Ik ben uw God;
Ik sterk u,
ook help Ik u met Mijn rechtvaardige rechterhand.

Met behulp van veel citaten uit de Psalmen, Klaagliederen en het Nieuwe Testament worden in het recitatief de gevaren van het leven verwoord, evenals de noodzaak van Gods hulp.

4. Recit T

Thou dost assure, O God,
unto my soul's repose,
encouragement when I in sorrow lie.
Ah, yet is all my torment
from day to day now ever larger,
for of my foes the toll is great,
my life is now their aim,
their bows are now for me strung tight,
they aim now all their shafts for
my destruction,
I shall at their own hands soon perish;
God! My distress is known to thee,
and all the world is now my den of torture;

help, Helper, help! Deliver now my spirit!

4. Recitatief T

Voor mijn gemoedsrust belooft U mij wel,
lieve God,
troost in mijn lijden.
Maar, ach, mijn onheil
wordt elke dag groter,
want mijn vijanden zijn met zovelen,
ze hebben het op mijn leven gemunt,
hun bogen worden voor mij aangespannen,
ze richten hun pijlen om te vernietigen,

ik moet door hun handen gedood worden;
God! mijn nood is U bekend,
De hele wereld wordt voor mij tot
een martelaarshel;
Help, helper, help! Red mijn ziel!

Auf das vorausgegangene Rezitativ
wird sofort mit der fünften Strophe des
bekannten Paul-Gerhardt-Liedes „Befiehl du
deine Wege" reagiert. Vermutlich wurde für
den dialogischen Charakter der Kantate die
zweite Zeile der Strophe von „Hier wollten
widerstehn" in „Dir wollten widerstehn"
geändert.

5. Choral

Und ob gleich alle Teufel
Dir wollten widerstehn,
so wird doch ohne Zweifel
Gott nicht zurücke gehn;
was er ihm fürgenommen
und was er haben will,
das muss doch endlich kommen
zu seinem Zweck und Ziel.

Der Ansturm der Feinde wird in dieser Arie
mit den Metaphern „Trübsalswetter" und
„Fluten" angedeutet. Bach macht das für die
Hörer anschaulich, in dem er die Streicher
wirbelnde, sturmartige (Unisono-) Passagen
spielen lässt.

6. Aria T

Stürmt nur, stürmt, ihr Trübsalswetter,
wallt, ihr Fluten, auf mich los!
Schlagt, ihr Unglücksflammen,
über mich zusammen,
stört, ihr Feinde, meine Ruh,
spricht mir doch Gott tröstlich zu:
Ich bin dein Hort und Erretter.

This is a direct response to the foregoing recitative, using the fifth verse from Paul Gerhardt's well-known chorale 'Befiehl du deine Wege'. ('entrust your way') Probably in service of the dialogue character of the whole cantata, the second line of the verse has been changed from 'Hier wollten widerstehn' to 'Dir wollten widerstehn' ('Here shall be resisted' to 'You shall be resisted').

Op het voorgaande recitatief wordt direct gereageerd met de vijfde strofe uit het bekende lied 'Befiehl du deine Wege' van Paul Gerhardt. Wellicht ter wille van het dialogische karakter van de cantate is de tweede coupletregel gewijzigd van 'Hier wollten widerstehn' in 'Dir wollten widerstehn'.

5. Chorale

And though now all the devils
desire to stand against thee,
yet shall there be no question
that God would e'er retreat;
what he hath undertaken
and whate'er he desires,
this must at length be finished
to his intent and aim.

5. Koraal

Ook al zouden alle duivels
jou weerstand willen bieden,
dan zal toch ongetwijfeld
God niet terugdeinzen;
wat Hij zich voorgenomen heeft
en wat Hij hebben wil,
dat moet uiteindelijk toch komen
tot zijn einddoel en bestemming.

The assault launched upon the enemies is presented with metaphorical 'Trübsalswetter' and 'Fluten'('weather of affliction' and 'waves'). Bach illustrates this with tempestuous, blustering passages in the strings.

Het aanstormen van de vijanden wordt in deze aria aangeduid met de metaforen 'Trübsalswetter' en 'Fluten'. Bach maakt dit plastisch hoorbaar door de strijkers wervelende, stormachtige (unisono) passages te laten spelen.

6. Aria T

Storm then, storm, afflictions' tempests,
rush, ye waters, down on me!
Strike, misfortune's fires,
fall on me together;
foes, disturb ye my repose,
if to me God this assure:
I am thy shield and Redeemer.

6. Aria T

Storm maar, storm, jij depressie,
beuk tegen mij aan, jullie vloedgolven,
Sluit mij in,
jij onheilsvuur,
verstoor mijn rust, jullie vijanden,
Toch spreekt God mij troostend toe:
Ik ben je steun en bevrijder.

Im Bass-Rezitativ wird auf die Evangelien-
und Epistellesung des Sonntags nach Neujahr
Bezug genommen: Der Gläubige kann Trost
schöpfen aus der Tatsache, dass Jesus selbst
schon als Säugling zum Flüchtling geworden
ist.

7. Recitativo B

Getrost! mein Herz,
erdulde deinen Schmerz,
lass dich dein Kreuz nicht unterdrücken!
Gott wird dich schon
zu rechter Zeit erquicken;
muss doch sein lieber Sohn,
Dein Jesus, in noch zarten Jahren
viel grössre Not erfahren,
da ihm der Wüterich Herodes
die äusserste Gefahr des Todes
mit mörderischen Fäusten droht!
Kaum kömmt er auf die Erden,
so muss er schon ein Flüchtling werden!
Wohlan, mit Jesu tröste dich
und glaube festiglich:
denjenigen, die hier mit Christo leiden,
will er das Himmelreich bescheiden.

Albert Schweitzer zählte diese Alt-Arie zu
Bachs „schönsten lyrischen Stücken". Die
Arie hat die – für Bachs Kantaten recht
ungewöhnliche – Form eines Menuetts. Der
dreiteilige Tanzcharakter der Arie dürfte die
"ewigen Freuden" im Himmel, um die es im
Text geht, ausdrücken.

8. Aria A

Soll ich meinen Lebenslauf
unter Kreuz und Trübsal führen,
hört es doch im Himmel auf.
Da ist lauter Jubilieren,
daselbsten verwechselt mein Jesus das Leiden
mit seliger Wonne, mit ewigen Freuden.

The Gospel and epistle readings for the first Sunday of the New Year are referred to here: the faithful can take comfort from the fact that, as a baby, Jesus himself was once a refugee.

In het bas-recitatief wordt gerefereerd aan de evangelie- en epistellezing van de zondag na Nieuwjaar: de gelovige kan troost putten uit het gegeven dat Jezus zelf als baby al een vluchteling is geworden.

7. Recit B

Bear up, my heart,
endure yet all thy pain,
and let thy cross not ever crush thee!
God will full soon
in his good time refresh thee;
remember how his Son,
thy Jesus, while his years were tender,
Much greater woe did suffer,
when him the raging tyrant Herod
the gravest state of deathly peril
with murder-dealing fists did cause!
He scarce was come to earth then
when he was forced to flee for safety!
So come, with Jesus comfort take
and hold to this with faith:
to ev'ryone who here with Christ shall suffer
shall he his paradise apportion.

7. Recitatief B

Troost je, mijn hart,
doorsta je pijn,
laat je lijden je niet terneerslaan!
God zal je toch
op zijn tijd verkwikken;
immers, zijn lieve zoon,
jouw Jezus, moest in zijn prille jaren,
veel groter leed doorstaan,
omdat de ziedende Herodes
- het grootste doodsgevaar -
Hem met moordende vuisten bedreigde!
Nauwelijks was Hij op aarde gekomen,
of Hij was al een vluchteling!
Welaan, troost je met Jezus
en geloof standvastig:
aan degenen, die hier met Christus lijden,
zal Hij het hemelrijk schenken.

Albert Schweitzer considered this aria, written in the – for Bach – unusual form of a minuet, to be among the most beautiful of his lyrical pieces. The tripartite dance character is an expresssion of the text's substance: the 'ewigen Freuden' ('everlasting joys') in heaven.

Albert Schweitzer rekende deze alt-aria tot de 'schönsten lyrischen Stücken' van Bach. De aria heeft de voor Bachs cantaten vrij ongebruikelijke vorm van een menuet. Het driedelige danskarakter van de aria zal uitdrukking zijn van de 'ewigen Freuden' in de hemel waarover de tekst handelt.

8. Aria A

Though I must my life's full course
run neath cross and sorrow's burden,
yet it shall in heaven end.
There is nought but jubilation, and there,
too, shall Jesus transform all my sadness
to happiest pleasure, to unceasing gladness.

8. Aria A

Moet ik mijn levensloop
onder kruis en rampspoed gaan,
hij eindigt toch in de hemel.
Daar is enkel gejubel,
daar zal mijn Jezus het lijden inwisselen
voor zalig genot, en eeuwige vreugde.

Die Kantate wird abgeschlossen mit drei Strophen von Martin Mollers Choral „Ach Gott, wie manches Herzeleid" (1587). In jeder Strophe dieses Liedes, das eines der festen Lieder am Sonntag nach Neujahr war, wird ein zentraler Gedanke der Kantate zusammengefasst.

9. Choral

Drum will ich, weil ich lebe noch,
das Kreuz dir fröhlich tragen nach;
mein Gott, mach mich darzu bereit,
es dient zum Besten allezeit!

Hilf mir mein Sach recht greifen an,
dass ich mein' Lauf vollenden kann,
hilf mir auch zwingen Fleisch und Blut,
für Sünd und Schanden mich behüt!

Erhalt mein Herz im Glauben rein,
so leb und sterb ich dir allein;
Jesu, mein Trost, hör mein Begier,
o mein Heiland, wär ich bei dir!

The cantata ends with three verses from Martin Moller's 1587 chorale 'Ach Gott, wie manches Herzeleid', ('O God, how many heart-breaks'), one of the standard chorales for the first Sunday of the New Year. Each verse summarises one of the cantata's chief themes.

De cantate wordt afgesloten met drie coupletten van het lied 'Ach Gott, wie manches Herzeleid' (1587) van Martin Moller. In elk couplet van dit lied, dat één van de standaardliederen voor de zondag na Nieuwjaar was, wordt een hoofdgedachte van de cantate samengevat.

9. Chorale

Thus will I, while I yet have life,
the cross with gladness bear to thee;
my God, make me for it prepared,
the cross will serve me all my years!

Help me my life to meet forthright,
that I my course may run complete,
help me to master flesh and blood,
from sin and scandal keep me free!

If thou my heart in faith keep pure,
I'll live and die in thee alone;
Jesus, my hope, hear my desire,
o Savior mine, bring me to thee!

9. Koraal

Daarom zal ik, zo lang ik nog leef,
het kruis U vrolijk nadragen;
mijn God, maak mij daartoe bereid,
het dient altijd het beste.

Help mij mijn zaak goed aan te pakken,
zodat ik mijn loop voleindigen kan.
Help mij ook vlees en bloed bedwingen
en behoed me voor zonde en schande.

Bewaar mijn hart in het rechte geloof,
zo leef en sterf ik alleen voor U;
Jezus, mijn troost, hoor mijn verlangen,
o mijn Heiland, was ik maar bij U!

Siehe, ich will viel Fischer aussenden

KANTATE BWV 88

Erster Teil

Bei der Stelle über das Aussenden der Fischer veranschaulichen Streicher, Oboen und Continuo eine ruhig wogende See, indem sie „wogende Wellenmotive" (Schweitzer) im 6/8-Takt spielen. Bei den Worten vom Aussenden der Jäger ändert sich die Musik schlagartig: Das Instrumentarium wird um zwei Hörner erweitert, die – anfangs allein und später gemeinsam mit den übrigen Instrumenten – in einem Allabreve-Takt („allegro quasi presto") mehrere fanfarenähnliche Motive erklingen lassen.

1. Aria B

Siehe, ich will viel Fischer aussenden,
spricht der Herr, die sollen sie fischen.
Und darnach will ich viel Jäger aussenden,
die sollen sie fahen
auf allen Bergen und allen Hügeln
und in allen Steinritzen.

Die Nummern 2 und 3 sind miteinander verbunden: Die Frage, mit der das Rezitativ endet, wird unmittelbar darauf, ohne instrumentale Einführung, in der Tenor-Arie beantwortet: „Nein, nein!" Die Arie ist ein Duett zwischen Tenor und Oboe d'Amore (ein Instrument, das bei Bach Gottes Liebe symbolisiert). Während in Arien aus Bachs Leipziger Zeit sonst eine A-B-A'-Struktur üblich ist, wird hier der B-Teil (ab dem Wort „Ja") wiederholt. Ebenso fällt auf, dass die Komposition mit einem Ritornell endet, bei dem auch die Streicher eingesetzt werden und das normalerweise auch am Anfang der Arie zu finden wäre.

2. Recitativo T

Wie leichtlich könnte doch
der Höchste uns entbehren
und seine Gnade von uns kehren,

First Part

In the passage dealing with the sending
forth of the fishermen, the strings, oboes and
continuo illustrate a gently rolling sea with
a 'wogende Wellenmotive' ('rocking wave-
motif'), as Schweizer put it, in 6/8. When
the following text describing the hunters is
reached, the music abruptly changes: two
horns are added, playing various fanfare-
like hunting figures allabreve, allegro quasi
presto, first alone, and then together with the
rest of the ensemble.

1. Aria B
See now, I will send out many fishers,
saith the Lord, whose work is to catch them.
And then I will many hunters send also,
whose work is to catch them
on all the mountains and on all the highlands
and in all of the hollows.

These two movements are linked together,
as the question with which the recitative
ends is immediately answered, with no
instrumental introduction, by the tenor in
the following aria: 'Nein, nein!'. This aria
is a duet between the tenor and the oboe
d'amore, an instrument which represented,
for Bach, God's love. In variance with his
usual practice for arias from the Leipzig
cantatas, the structure is not A-B-A, but
A-B-B, the second section repeating from
the word 'Ja'. Just as remarkable is the
ending: the strings are called upon to join in
a ritornello that would normally open
the piece.

2. Recit T
How easily, though, could
the Highest do without us
and turn away his mercy from us,

Eerste Deel

In het gedeelte over het uitzenden van
vissers, beelden de strijkers, hobo's en
continuo een rustig deinende zee uit door
'wogende Wellenmotive' (Schweitzer) in
6/8-maat te spelen. Bij de woorden over het
sturen van jagers wijzigt de muziek abrupt:
het instrumentarium wordt uitgebreid met
twee hoorns, die – eerst alleen en later
samen met de overige instrumenten – in een
alla-brevemaat ('allegro quasi presto') allerlei
fanfare-achtige motieven laten horen.

1. Aria B
Zie, Ik ga vele vissers zenden,
spreekt de Heer, die hen moeten opvissen.
En daarna zend Ik vele jagers,
die hen moeten vangen
op elke berg en elke heuvel
en in elke rotsspleet.

De delen 2 en 3 zijn aan elkaar verbonden: de
vraag waarmee het recitatief eindigt, wordt
direct daarop, zonder een instrumentale
inleiding, beantwoord in de tenor-aria: 'Nein,
nein!' De aria is een duet tussen tenor en
oboe d'amore (een instrument dat bij Bach
symbool stond voor Gods liefde). Anders dan
gebruikelijk in aria's van Bach uit zijn Leipziger
tijd, heeft de aria niet een A-B-A'-structuur,
maar wordt het B-gedeelte (vanaf het woord
'Ja') herhaald. Even opmerkelijk is dat pas
aan het eind van de compositie een ritornello
te horen is waarbij ook de strijkers ingescha-
keld worden, terwijl een ritornello normaliter
ook aan het begin van de aria geplaatst wordt.

2. Recitatief T
Hoe makkelijk toch zou
de Hoogste zonder ons kunnen
en zijn genade van ons nemen,

wenn der verkehrte Sinn
sich böslich von ihm trennt
und mit verstocktem Mut
in sein Verderben rennt.
Was aber tut
sein vatertreu Gemüte?
Tritt er mit seiner Güte
von uns, gleich so wie wir von ihm, zurück,
und überlässt er uns der Feinde List und Tück?

3. Aria T

Nein, Gott ist allezeit geflissen,
Uns auf gutem Weg zu wissen
Unter seiner Gnade Schein.
Ja, wenn wir verirret sein
Und die rechte Bahn verlassen,
Will er uns gar suchen lassen.

Zweiter Teil

Der Eingang des zweiten Teils der Kantate,
der wohl nach der Predigt oder beim
Abendmahl aufgeführt wurde, beinhaltet
Worte aus der Evangelienlesung, die
Jesus zu Simon Petrus sagt. In der
Instrumentalbegleitung hören wir immer
wieder das „Freudenmotiv", das uns schon
im vierten Teil der Kantate 93 („Wer nur
den lieben Gott lässt walten") begegnete.
Da dieses Motiv ständig wiederholt
wird, entsteht der Charakter eines Basso
ostinato, der das Sich-nicht-Fürchten, das
Standhalten ausdrückt. Die lebendigen
Melismen (mehrere Töne auf einer Silbe)
beim Wort „fahen" hängen vermutlich damit
zusammen, dass – wie Johannes Olearius
in seinem Bibelkommentar schreibt – das
Menschenfangen „lebendig fangen, beym
Leben erhalten … vom Tode befreyen"
bedeutet.

when our perverted hearts
in evil from him part
and in their stubbornness
to their destruction run.
But what response
from his paternal spirit?
Withhold his loving kindness
from us, and, just as we from him, withdraw,
and then betray us to the foe's deceit and spite?

3. Aria T
No, God is all the time intending
on the proper path to keep us,
sheltered by his glory's grace.
Yea, when we have gone astray
and the proper way abandon,
He will even have us sought for.

Second Part

The opening of the second part of the
cantata, performed either after the sermon
or during communion, is a setting of Jesus'
words to Simon Peter. The joy-motif, also
found in the fourth movement of BWV 93
('Wer nur den lieben Gott lässt walten'),
can be heard throughout the instrumental
accompaniment. Due to its constant
repetition, the motif assumes the character
of a basso ostinato, an expression of
perseverance. The lively melismas (multi-
note figures on one syllable) on the word
'fahen' ('catch') might form a connection
with the fact that – as Johannes Olearius
writes in his bible commentary – catching
men meant: 'lebendig fangen, beym Leben
erhalten … vom Tode befreyen'. ('catch
them alive, keep them alive … liberate
them from death').

wanneer de ontaarde geest
zich boosaardig van Hem afkeert
en met koppige moed
zijn eigen ondergang tegemoet snelt.
Maar wat doet
zijn vaderlijke hart?
Wendt Hij zich met zijn goedheid
van ons af, zoals wij ons van Hem afwenden,
en geeft Hij ons over aan de list en het bedrog
van de vijand?

3. Aria T
Nee, God is te allen tijde bezig
ons de goede weg te wijzen
met het licht van zijn genade.
Ja, wanneer wij verdwaald zijn
en het rechte pad verlaten,
zelfs dan wil Hij ons laten zoeken.

Tweede Deel

De opening van het tweede deel van
de cantate, dat na de preek of bij het
avondmaal uitgevoerd zal zijn, bevat de
woorden uit de evangelielezing die Jezus
tegen Simon Petrus zegt. In de instrumentale
begeleiding horen we voortdurend het
'Freudenmotiv', dat we in het vierde deel
van cantate 93 ('Wer nur den lieben Gott
lässt walten') tegenkwamen. Omdat het
motief voortdurend herhaald wordt, ontstaat
het karakter van een basso ostinato,
waarmee volharding wordt uitgedrukt.
De levendige melisma's (meerdere tonen
op één lettergreep) bij het woord 'fahen',
houden mogelijk verband met het gegeven
dat – zoals Johannes Olearius in zijn
bijbelcommentaar schrijft – het vangen van
mensen betekent: 'lebendig fangen, beym
Leben erhalten … vom Tode befreyen'.

4. Recitativo T - Aria B

Jesus sprach zu Simon:
fürchte dich nicht; denn von nun an wirst du
Menschen fahen.

Das Duett für Sopran und Alt greift auf den
Text der Epistellesung (1. Brief des Petrus 3,
8-15) zurück: Der Gläubige ist zum Segnen
berufen, auch wenn er sich mit Furcht und
Sorgen konfrontiert sieht. Sicherlich werden
das Nachfolgen und Tun dessen, wozu man
berufen ist, musikalisch umgesetzt, indem
Sopran und Alt das Instrumentalritornell
von den Oboe d'Amore und den Streichern
übernehmen, ihnen „nachfolgen". Das
Eingangsthema bleibt während des
ganzen Stückes vorherrschend. Im Text
wird auf Jesu Gleichnis von den Pfunden
zurückgegriffen: Das Geld, das der Herr dem
Menschen anvertraut hat, soll man nicht
vergraben, sondern damit arbeiten, damit
es Gewinn erzielt. Wie in der Arie „Nein,
nein" (Nr. 3) wird in diesem Duett der zweite
Textteil wiederholt, folglich entsteht eine
A-B-B'-Struktur.

5. Aria (Duetto) S A

Beruft Gott selbst, so muss der Segen
auf allem unsern Tun
Im Übermasse ruhn,
stünd uns gleich Furcht und Sorg entgegen.
Das Pfund, so er uns ausgetan,
will er mit Wucher wiederhaben;
wenn wir es nur nicht selbst vergraben,
so hilft er gern,
damit es fruchten kann.

4. Recit T and Aria B

Jesus spake to Simon:
fear have thou none; for from now on
men wilt thou be catching.

The text for this duet is based on the epistle
reading (1 Peter 3:8-15): the faithful are
called upon to bless, even though they may
meet with fear and trouble. The probable
musical intention here is that of following
one's allotted course, just as the soprano
and alto take up the material of the oboe
d'amore and string ritornello. The opening
theme dominates the entire movement.
The text refers to Jesus' parable of the
talents: money entrusted by the Lord to
man should not be buried for safekeeping,
but employed to render profit. Just as in
the third movement aria ('Nein, nein'), the
second section of text is repeated, resulting
in an A-B-B structure.

5. Aria (Duet) S A

If God commands, then must his blessing
on all that we may do
abundantly endure,
e'en though both fear and care oppose us.
The talent he hath given us
would he with int'rest have returned him;
if only we ourselves not hide it,
he gladly helps,
that it may bear its fruit.

4. Recitatief T - Aria B

Jezus sprak tot Simon:
wees niet bang, want van nu aan zul je
mensen vangen.

Het duet voor sopraan en alt grijpt tekstueel
terug op de epistellezing (1 Petrus 3
vers 8-15): de gelovige is geroepen om
te zegenen, ook al ontmoet hij vrees en
zorgen. Wellicht is het navolgen en het
doen waartoe je geroepen bent, verklankt
doordat de sopraan en alt het instrumentale
ritornello van de oboe d'amores en strijkers
overnemen ('navolgen'). Het thema
waarmee geopend wordt, blijft gedurende
het hele stuk dominant aanwezig. In de tekst
wordt teruggegrepen op Jezus' gelijkenis
van de ponden: het geld dat de Heer de
mens toevertrouwd heeft, moet men niet in
de grond stoppen maar ermee werken zodat
het winst oplevert. Evenals in de aria 'Nein,
nein' (deel 3) wordt in dit duetto het tweede
tekstgedeelte herhaald en ontstaat dus de
structuur: A-B-B'.

5. Aria (Duet) S A

Roept God zelf ons op, dan moet de zegen
op al ons doen en laten overvloedig rusten,
ook al werken vrees en zorg ons tegen.
Het talent, dat Hij ons gegeven heeft,
wil Hij met winst terug ontvangen.
Wanneer wijzelf het maar niet in de grond
verstoppen,
helpt Hij graag,
zodat het vruchten voortbrengt.

Im Rezitativ für Sopran, das inhaltlich an
das für Tenor im Teil I der Kantate erinnert,
wird die Botschaft der Kantate und der
Lesungen des Sonntags zum Abschluss
zusammengefasst.

6. Recitativo S

Was kann dich denn in deinem
Wandel schrecken,
wenn dir, mein Herz, Gott selbst
die Hände reicht?
Vor dessen blossem Wink schon
alles Unglück weicht,
und der dich mächtiglich kann schützen
und bedecken.
Kommt Mühe, Überlast, Neid,
Plag und Falschheit her
und trachtet, was du tust, zu stören
und zu hindern,
lass kurzes Ungemach den Vorsatz
nicht vermindern;
das Werk, so er bestimmt,
wird keinem je zu schwer.
Geh allzeit freudig fort,
du wirst am Ende sehen,
dass, was dich eh gequält,
dir sei zu Nutz geschehen!

Ein vierstimmiger Choralsatz des
Schlussverses aus dem Lied „Wer nur den
lieben Gott lässt walten" bildet den Schluss
der Kantate.

7. Choral

Sing, bet und geh auf Gottes Wegen,
verricht das Deine nur getreu
und trau des Himmels reichem Segen,
so wird er bei dir werden neu;
denn welcher seine Zuversicht
auf Gott setzt, den verlässt er nicht.

This recitative, the musical material of which harks back to that for tenor from Part 1, closes the cantata by summarising its message, and that of the readings for the day.

In het recitatief voor sopraan, dat inhoudelijk doet denken aan dat voor tenor uit deel I van de cantate, wordt de boodschap van de cantate en van de lezingen van de zondag afsluitend samengevat.

6. Recit S

What can then thee in all thy dealings frighten,
if thee, my heart, God doth
his hands extend?
Before his merest nod doth all
misfortune yield,
and he, most huge in might, can shelter
and protect thee.
When trouble, hardship's toil, grudge,
plague and falsehood come,
intending all thou dost to harass
and to hinder,
let passing discontent thy purpose
not diminish;
the work which he assigns
will be for none too hard.
With steadfast joy go forth,
thou shalt see at the finish
that what before caused pain occurred
to bring thee blessing.

6. Recitatief S

Wat kan jou bang maken op je levenspad,

mijn hart, wanneer God zelf
zijn handen naar je uitstrekt?
Op wiens simpele wenk
al het ongeluk verdwijnt,
en Die jou krachtig kan behoeden
en beschermen.
Krijg je te doen met moeite, overlast, nijd,
plaag en valsheid,
die je arbeid pogen te verstoren
en te hinderen,
laat dat kleine ongerief je dan van je plan
niet afbrengen;
het werk, waartoe Hij opdracht geeft,
zal niemand ooit te zwaar vallen.
Ga altijd vrolijk voort:
je zult aan het einde zien
dat hetgeen je voorheen kwelde,
in jouw voordeel gebeurde.

A four-part setting of the closing verse from the chorale 'Wer nur den lieben Gott lässt walten' closes the cantata.

Een vierstemmige koorzetting van het slotcouplet uit het lied 'Wer nur den lieben Gott lässt walten' besluit de cantate.

7. Chorale

Sing, pray, and walk in God's own pathways,
perform thine own work ever true,
and trust in heaven's ample blessing,
then shall he stand by thee anew;
for him who doth his confidence
rest in God, he forsaketh not.

7. Koraal

Zing, bid en ga op Gods wegen,
doe het jouwe maar getrouw,
en vertrouw op 's hemels rijke zegen,
die dan als nieuw voor jou zal worden.
Want wie zijn vertrouwen
op God stelt, die verlaat Hij niet.

Biographies / Biografieën / Biographien

Musica Amphion

EN	NL

Musica Amphion, founded in 1993 by harpsichord and recorder player Pieter-Jan Belder, is dedicated to the performance of orchestral and chamber music from the seventeenth and eighteenth century on original instruments.

The leader is violinist Rémy Baudet, concertmaster of the Orchestra of the Eighteenth Century (led by Frans Brüggen). Musica Amphion draws its players from the ranks of other prominent Baroque orchestras and most of them also enjoy a successful solo career.

Musica Amphion has appeared at the Early Music Festival Utrecht, the Festival Classique in The Hague and appears regularly at various stages both in the Netherlands and abroad.

Musica Amphion, in 1993 opgericht door klavecinist/blokfluitist Pieter-Jan Belder, richt zich op de uitvoering van zeventiende- en achttiende-eeuwse orkest- en kamermuziekrepertoire op originele instrumenten.

Aanvoerder is de violist Rémy Baudet, concertmeester van het Orkest van de Achttiende Eeuw (Frans Brüggen). De musici van Musica Amphion spelen tevens in belangrijke andere barokorkesten en de meesten genieten eveneens een succesvolle solocarrière.

Musica Amphion speelde tijdens het *Festival voor Oude Muziek Utrecht*, en het *Festival Classique* in Den Haag en is regelmatig te gast op diverse podia in binnen- en bui-

DE

Musica Amphion wurde 1993 vom Cembalisten/Blockflötisten Pieter-Jan Belder gegründet und ist auf die Aufführung des Orchester- und Kammermusikrepertoires aus dem siebzehnten und achtzehnten Jahrhundert auf Originalinstrumenten spezialisiert.

Konzertmeister ist der Geiger Rémy Baudet, der diese Funktion auch beim Orkest van de Achttiende Eeuw (Orchester des 18. Jahrhunderts, Frans Brüggen) innehat. Die Musiker von Musica Amphion spielen daneben in wichtigen Barockorchestern, wie dem Orchester des 18. Jahrhunderts, dem Amsterdam Baroque Orchestra, De Nederlandse Bachvereniging, dem Freiburger Barockorchester und der Academy of Ancient Music. Die meisten von

ihnen sind zudem als erfolgreiche Solisten aktiv.

Musica Amphion spielte auf dem *Festival Oude Muziek Utrecht*, dem *Festival Classique* in Den Haag sowie dem *Bach Festival Amsterdam* und gastiert regelmässig im Amsterdamer Concertgebouw und auf vielen anderen Podien im In- und Ausland. In der Serie *Barok Vocaal* des Konzertmanagements Fred Luiten bietet Musica Amphion jedes Jahr ein besonderes Programm mit internationalen Spitzensolisten. Das Ensemble war in der Saison 2009/2010 das '*Orchestra in residence*' bei Musis Sacrum in Arnhem und war ausserdem auf dem *Festival Oude Muziek Utrecht* und im russischen Nizhny Novgorod zu hören.

in the series Vocal Baroque in the Amsterdam Concertgebouw Musica Amphion annually performs remarkable programmes with international top soloists.

From autumn 2011 Musica Amphion initiates a long-term project called *Bach in Context*, together with the Gesualdo Consort Amsterdam. This project sheds new light on Bach's cantatas by presenting them in their musical-liturgical context, with performances in several monumental churches and halls in the Netherlands and Germany. Musica Amphion has issued countless CD recordings. Its discography includes Bach's Brandenburg Concertos, *Musikalisches Opfer* and the concerti for 2, 3 and 4 harpsichords; Telemann's complete *Tafelmusik*; and the complete works of Corelli. A recording of keyboard concertos by Bach & Sons, under the *Quintone* label, earned a score of 10 in the Dutch music magazine Luister and was praised by the NRC Handelsblad as "the most enjoyable Baroque CD in a long time".

Most recently the CDs *Jesu meine Freude* and *Bach & Luther* were issued, the first two in the *Bach in Context* line, with cantatas, motets and organ work by Bach. *Jesu meine Freude* was recorded in the J.S. Bachkirche in Arnstadt.

tenland. In de serie Barok Vocaal van Fred Luiten Concertorganisatie brengt Musica Amphion jaarlijks een bijzonder programma met internationale topsolisten. Vanaf najaar 2011 initieert Musica Amphion een meerjarig project met de titel Bach Contextueel. Daarin belicht Musica Amphion, samen met het Gesualdo Consort Amsterdam, Bachs cantates in hun muzikaal-liturgische context in uitvoeringen in verschillende monumentale kerken en zalen in Nederland en Duitsland.

Musica Amphion verzorgde de laatste jaren talloze cd-opnamen. De discografie omvat onder meer Bachs *Brandenburgse Concerten*, het *Musikalisches Opfer* en de concerten voor 2, 3 en 4 klavecimbels, Telemanns complete *Tafelmusik* en de complete werken van Corelli. Een opname op het label *Quintone*, met klavierconcerten van Bach en zonen verdiende een 10 in het cd-tijdschrift *Luister* en werd in de pers gewaardeerd als "de meest aansprekende barok-cd sinds lange tijd" (Kasper Jansen, NRC). De meest recente opnames van het ensemble zijn *Jesu meine Freude* en *Bach & Luther* de eerste twee in de reeks Bach Contextueel. Hierop is het ensemble samen met het Gesualdo Consort Amsterdam te horen in cantates, motetten en orgelwerken van Bach; *Jesu meine Freude* is opgenomen in de J.S.Bachkirche in Arnstadt.

Seit Herbst 2011 initiiert Musica Amphion ein mehrjähriges Projekt mit dem Titel Bach im Kontext. Darin werden gemeinsam mit dem Gesualdo Consort Amsterdam Bachs Kantaten in eine nicht alltägliche Perspektive gebracht. Die Kantaten werden, in verschiedenen monumentalen Kirchen und Sälen in den Niederlanden und in Deutschland, im musikalischen und liturgischen Kontext ihres Entstehens aufgeführt. So kann das Publikum mit in Bachs Denk- und Erlebniswelt eintauchen.

Musica Amphion nahm in den letzten Jahren zahlreiche CDs auf. Die Diskographie umfasst unter anderem Bachs Brandenburgische Konzerte, sein 'Musikalisches Opfer' sowie die Konzerte für 2, 3 und 4 Cembali, Telemanns komplette 'Tafelmusik' und das Gesamtwerk Corellis. Eine Aufnahme des Labels 'Quintone' mit Klavierkonzerten Bachs und seiner Söhne erhielt in der tonangebenden CD-Zeitschrift 'Luister' die beste Note (10) und wurde in der landesübergreifenden Presse (NRC) als 'die ansprechendste Barock-CD seit Langem' gelobt.

Die jüngsten Aufnahmen des Ensembles sind 'Jesu meine Freude' und 'Bach & Luther', die ersten beiden in der Reihe Bach im Kontext. Darauf ist Musica Amphion gemeinsam mit dem Gesualdo Consort Amsterdam zu hören: mit Kantaten, Motetten und Orgelwerken Bachs; 'Jesu meine Freude' wurde in der Johann-Sebastian-Bach-Kirche zu Arnstadt aufgenommen.

Gesualdo Consort Amsterdam

EN

NL

Carlo Gesualdo da Venosa (c.1566-1613) is the composer after whom the Gesualdo Consort Amsterdam, the madrigal ensemble founded by Harry van der Kamp in the 1980s, is named. This Neapolitan nobleman is the composer of experimental works in which he constantly explored new expressive means. Through rhythmic and especially harmonic innovations he attained an extraordinarily high level of personal expression. Gesualdo stands on the threshold between the old musical style (*prima prattica*) and the new style (*seconda prattica*), a clear transition in music history that occurred around 1600. A Janus-like figure, he commands a view of what happened in the past and at the same time looks ahead to the future, thereby inspiring many composers right up to the present.

Het Gesualdo Consort Amsterdam, een internationale groep vocalisten gespecialiseerd in de uitvoering van oude muziek, brengt onder leiding van Harry van der Kamp bijzondere programma's in kleine vocaal-instrumentale bezetting waarin het nieuw licht laat schijnen op oude muziek van de laatste 700 jaar. De naamgever van het ensemble is Carlo Gesualdo da Venosa, Napolitaans edelman en oorspronkelijk musicus die rond 1600 als een Janusfiguur op de drempel der tijd terugblikt op de oude muzikale stijl (*prima prattica*) en vooruitziet naar de nieuwe stijl (*secunda prattica*) en met zijn madrigalen en motetten ons tot op de dag van vandaag inspireert.

Het Gesualdo Consort Amsterdam voert het onbegeleide madrigaal,

DE

Das Gesualdo Consort Amsterdam strebt in seinen Programmen
und Interpretationen nach genau
das Ausdrucksniveau das seinen
Namensvetter kennzeichnet. Die
mitreissenden Konzerte des Gesualdo Consort Amsterdam erleben
die Zuhörer als Bereicherung ihres
eigenen musikalischen Wissens
und Bewusstseins. Die Presse
beschrieb das Konzert beim Festival Oude Muziek Utrecht im Jahr
2006 mit „vulkanischer Musik"
als schönstes Konzert der damals
bereits 25jährigen Geschichte des
Festivals. Die Aufnahmephilosophie
des Gesualdo Consort Amsterdam
ist ebenfalls spannend. So legt man
vor allem Wert auf solche Werke,
die noch nicht auf CD vorliegen. So
wurde das Dritte Madrigalbuch aus
der Feder von Scipione Lacorcia

The Gesualdo Consort Amsterdam aims to achieve this special expressivity in its programmes and also in its performances. The whole madrigal repertoire of the sixteenth and seventeenth centuries belongs to the repertoire of the Gesualdo Consort Amsterdam, but lots of attention is also given to the other genres.

The Gesualdo Consort Amsterdam has appeared at many international music festivals in Europe and North-Amerika.

The Gesualdo Consort Amsterdam has made a wide range of recordings with various CD labels, that have all been appraised by the international press. The recently finished recording of the complete vocal works of Jan Pieterszoon Sweelinck (a seventeen CD Book edition by the Spanish label GLOSSA), was awarded two Edisons Classic. This important oeuvre has never been made completely available on CD until now.

October 2010 this so-called Sweelinck Monument was presented to Her Majesty Queen Beatrix of the Netherlands at the Old Church of Amsterdam, Sweelinck's working place during his whole life.

de moeder van onze expressieve westerse muziek, hoog in zijn vaandel. Het totale madrigaaloeuvre van de zestiende en zeventiende eeuw behoort tot zijn repertoire, maar ook de overige genres krijgen ruimschoots aandacht. Het Gesualdo Consort Amsterdam trad op in vele nationale en internationale festivals in Europa en Noord-Amerika. Het ensemble heeft bij diverse cd-labels unieke opnames uitgebracht die in vaktijdschriften allen hoog geprezen zijn. Zo werden er eervolle cd-prijzen toegekend, zoals de Echo Klassik voor C.P.E. Bach's *Litaneien, Motetten & Psalmen* (Sony Classical), een Edison-nominatie voor *Musica Vulcanica* (Madrigaalboek III van Scipione Lacorcia, Sony Classical), en maar liefst twee Edisons Klassiek voor *Het Sweelinck Monument*, de registratie van de complete vocale werken van Jan Pieterszoon Sweelinck, welke voor het overgrote deel nooit eerder zijn opgenomen (Glossa, zes cd-boeken met zeventien cd's). In oktober 2010 werd *Het Sweelinck Monument* gepresenteerd aan Koningin Beatrix in de Oude Kerk te Amsterdam, Sweelincks enige en levenslange werkplek, en ook zijn laatste rustplaats.

In 2010 won het Gesualdo Consort Amsterdam de VSCD Klassieke Muziekprijs 2010 in de categorie "meest indrukwekkende prestatie van een (klein) ensemble".

(1590 – 1620) das Hauptwerk einer hochgelobten CD mit dem Titel *Musica Vulcanica*. Die Aufnahme von Gesualdos ersten drei Madrigalbüchern wurde vom Magazin Gramophone als *„Meilenstein der Gesualdo-Diskographie"* bezeichnet. In diese Reihe gehört auch die Gesamtaufnahme des Vokalwerks von Jan Pieterszoon Sweelinck. Bis dato war dieses wichtige Werk noch nicht vollständig auf CD zu hören. Oktober 2010 wurde Sweelinck's Gesamtvokaloeuvre als 17-teilige Buch/CD-Ausgabe (Glossa) angeboten an Königin Beatrix. Bei diese Gelegenheit wurde Harry van der Kamp von ihr ernannt zum „Ritter im Orden des Niederländischen Löwens". Dieses Sweelinck Monument erhielt bereits in 2009 den Edison Klassik Preis, sowie das vollendete Sweelinck Monument in 2011, das in 2012 auch eine Diapason d'Or erhielt.

Pieter-Jan Belder

EN

Pieter-Jan Belder (1966) studied recorder and harpsichord at the Conservatories of The Hague and Amsterdam. He has since pursued a flourishing career as harpsichordist, clavichord player, organist, fortepianist and recorder player, and appeared at many international Early Music Festivals, such as in Utrecht, Berlin, Vlaanderen, Potsdam and Leipzig.

He regularly plays solo recitals, and is also very much in demand as a continuo player with such ensembles as the *Orchestra of the Eighteenth Century, Collegium Vocale Gent, Camarata Trajectina, Gesualdo Consort Amsterdam,* the *Netherlands Radio Chamber Philharmonia* and the *Netherlands Bach Society.* Belder has also accompanied solo-

NL

DE

Pieter-Jan Belder studeerde klavecimbel en blokfluit aan de conservatoria van Amsterdam en Den Haag. Sindsdien treedt hij veelvuldig op in binnen- en buitenland als klavecinist, fortepianist, continuospeler en blokfluitist. Hij trad op in internationale festivals voor oude muziek zoals in Utrecht, Berlijn, Vlaanderen, Potsdam-Sans Souci, en Leipzig.

Daarnaast is hij als continuospeler actief in diverse ensembles, waaronder De Nederlandse Bachvereniging, Collegium Vocale Gent, Het Koninklijk Concertgebouw Orkest, het Gesualdo Consort Amsterdam, Camarata Trajectina, het Orkest van de Achttiende Eeuw en zijn eigen ensemble Musica Amphion, waarvan hij tevens dirigent is. Verder begeleidde hij solisten als Johannette

Pieter-Jan Belder studierte Cembalo und Blockflöte an den Musikhochschulen von Amsterdam und Den Haag. Seitdem tritt er oft im In- und Ausland als Cembalist, Fortepianist, Continuospieler und Blockflötist auf. Er nahm an internationalen Festivals für Alte Musik teil, beispielsweise in Utrecht, Berlin, Flandern, Potsdam/Sanssouci und Leipzig.

Daneben ist er als Continuospieler in verschiedenen Ensembles tätig, wie De Nederlandse Bachvereniging, Collegium Vocale Gent, dem Koninklijk Concertgebouworkest, dem Gesualdo Consort Amsterdam, Camerata Trajectina, dem Orchester des 18. Jahrhunderts und seinem eigenen Ensemble Musica Amphion, dem er auch als Dirigent vorsteht. Ferner begleitete er Solis-

ists such as Johannette Zomer, Nico van der Meel, Harry van der Kamp, Sigiswald Kuijken, Rémy Baudet and Wilbert Hazelzet. Belder conducts his own ensemble *Musica Amphion.*

In 1997 Pieter-Jan Belder was awarded third prize at the Hamburg NDR Music Prize harpsichord competition. In 2000 he was winner of the Leipzig Bach harpsichord competition.

He has made over 100 CD recordings, most of them solo and chamber music productions. Beginning in 1999, Belder produced his integral recording of the Scarlatti keyboard sonatas, which was released in 2007. Since then he has recorded Bach's *Well-tempered Clavier* along with the complete harpsichord works by Rameau and Soler. Recently, the label *Brilliant Classics* released CDs with music from the Fitzwilliam Virginal Book, and the Prussian and Württemberg Sonatas by C.P.E. Bach.

Pieter-Jan Belder is currently working on recordings of works by C.P.E Bach and William Byrd, as well as cantatas by J.S. Bach.

Since 2005 he regularly appears as a conductor in the Amsterdam Concertgebouw.

Zomer, Rémy Baudet, Nico van der Meel, Sigiswald Kuyken, Harry van der Kamp, Wilbert Hazelzet, Kate Clark, Ralph Meulenbroeks en Saskia Coolen.

In 1997 was Belder prijswinnaar van de NDR-Musikpreis 1997 te Hamburg en in 2000 werd hij winnaar van het Internationale Bachwettbewerb Leipzig.

Belder maakte meer dan 100 cd's, vooral solo- en kamermuziek producties. In 1999 begon hij aan de cd-opname van alle sonates voor klavecimbel van Domenico Scarlatti voor Brilliant Classics (36 cd's) die in 2007 verschenen. Daarna verschenen zijn opnamen van Bachs *Das Wohltemperierte Klavier* en de complete klavecimbelmuziek van Rameau, een opname die in het Franse blad Diapason zeer hoge ogen gooide. Onlangs verschenen bij Brilliant Classics cd's met muziek uit het Fitzwilliam Virginal Book en de Württemberg Sonates van C.P.E. Bach.

Sinds 2005 is hij als dirigent van het eerder genoemde Musica Amphion regelmatig te gast in het Concertgebouw te Amsterdam.

ten wie Johannette Zomer, Rémy Baudet, Nico van der Meel, Sigiswald Kuijken, Harry van der Kamp, Wilbert Hazelzet, Kate Clark, Ralph Meulenbroeks und Saskia Coolen.

1997 erhielt er in Hamburg den NDR-Musikpreis, 2000 gewann er den Internationalen Bachwettbewerb Leipzig.

Belder nahm bisher über 100 CDs auf, meist Solo- und kammermusikalische Produktionen. 1999 begann er, alle Cembalosonaten von Domenico Scarlatti aufzunehmen; die 36 CDs erschienen 2007 bei Brilliant Classics. Danach erschienen seine Aufnahmen von Bachs *Wohltemperiertem Klavier* sowie das komplette Cembalowerk Rameaus, eine Aufnahme, die in der französischen Zeitschrift Diapason sehr gelobt wurde. Vor kurzem kamen bei Brilliant Classics CDs mit Musik aus dem Fitzwilliam Virginal Book und den Württembergischen Sonaten von C.Ph.E. Bach heraus.

Seit 2005 gastiert Belder als Dirigent des oben genannten Ensembles Musica Amphion regelmässig im Amsterdamer Concertgebouw.

Rémy Baudet

EN

Rémy Baudet (1947) studied violin with Mark Lubotsky at the Amsterdam Conservatorium, graduating at the highest level and receiving the prix d'excellence in 1981. He was immediately invited by Frans Brüggen to join the recently founded Orchestra of the Eighteenth Century. By then Rémy Baudet had completed a History degree at the University of Groningen, and gained further experience as a chamber musician with the legendary Quartetto Italiano in Milan.

Baudet was appointed concertmaster of the Noordelijk Filharmonisch Orkest in Groningen, and for many years he was concertmaster of the Arnhem Philharmonic Orchestra. He also performed as leader and soloist with the Netherlands Chamber

Rémy Baudet (1947) studeerde viool aan het Conservatorium van Amsterdam waar hij in 1981 op het hoogste niveau afstudeerde door de *prix d'excellence* te winnen als leerling van Mark Lubotsky. Hij werd onmiddellijk uitgenodigd deel te nemen aan het toen net door Frans Brüggen opgerichte *Orkest van de Achttiende Eeuw*. Inmiddels had Rémy Baudet een studie geschiedenis afgerond aan de universiteit van Groningen. Hij ontwikkelde zich vervolgens verder als kamermusicus in Milaan bij het legendarische *Quartetto Italiano*.

Baudet werd aangesteld als concertmeester bij het *Noordelijk Filharmonisch Orkest* in Groningen en later bij het Arnhemse *Gelders Orkest* en hij trad op als aanvoerder

Rémy Baudet (1947) studierte Violine an der Amsterdamer Musikhochschule, wo er 1981 als Schüler von Mark Lubotsky sein Examen mit der höchst möglichen Auszeichnung machte, dem *prix d'excellence*. Daraufhin wurde er eingeladen, Mitglied des damals von Frans Brüggen gerade neu gegründeten *Orchesters des 18. Jahrhunderts* zu werden. Inzwischen hatte Rémy Baudet an der Groninger Universität ein Geschichtsstudium abgeschlossen. Er bildete sich danach als Kammermusiker beim legendarischen *Quartetto Italiano* in Mailand weiter.

Baudet wurde als Konzertmeister beim *Noordelijk Filharmonisch Orkest* in Groningen und später beim *Gelders Orkest* in Arnhem engagiert; er trat mit dem *Nederlands*

Orchestra, and as conductor of the Stavanger Symphony Orchestra.

Playing baroque violin, Rémy has also appeared as concertmaster of many of Europe's early-music groups, such as the Balthasar-Neumann Ensemble, Al Ayre Español, Ensemble Cristofori, and the Van Swieten Society. He has given masterclasses at the University of Salamanca and the conservatoria of Den Haag and Amsterdam, and was professor of music and art history at the Teikyo University in Maastricht.

Rémy Baudet is currently concertmaster of the Orchestra of the Eighteenth Century, has written a study of the history of violin-playing between 1770 and 1870, and is increasingly concentrating on seventeenth- and eighteenth-century music. His collaboration with Pieter-Jan Belder began in 2001 with a recording of Scarlatti's sonatas for harpsichord and violin, and has resulted in a growing body of CDs with Musica Amphion that has enjoyed worldwide success.

en solist met *Het Nederlands Kamer Orkest* en als dirigent met het *Stavanger Symphony Orchestra.*

Als barokviolist speelde Baudet als aanvoerder in vele Europese groepen voor oude muziek zoals het *Balthasar-Neumann Ensemble, Al Ayre Español*, het *Ensemble Cristofori* en de *Van Swieten Society.*

Hij gaf masterclasses aan de *Universidad de Salamanca* en de conservatoria van Den Haag en Amsterdam en was professor muziek en kunstgeschiedenis aan de *Teikyo Universiteit* in Maastricht. Rémy Baudet is tegenwoordig concertmeester van het *Orkest van de Achttiende Eeuw* en schreef een studie over de geschiedenis van het vioolspel tussen 1770 en 1870. Hij concentreert zich meer en meer op zeventiende- en achttiende- eeuwse muziek. Zijn samenwerking met Pieter-Jan Belder startte in 2001 met de opname van de sonates van Scarlatti voor klavecimbel en viool en resulteerde in een groeiend aantal cd's met Musica Amphion die wereldwijd succesvol zijn.

Kamerorkest als Stimmführer und Solist, sowie mit dem *Stavanger Symphony Orchestra* als Dirigent auf.

Als Barockgeiger war Baudet Stimmführer in vielen europäischen Ensembles für Alte Musik, wie zum Beispiel dem *Balthasar-Neumann-Ensemble, Al Ayre Español*, dem *Ensemble Cristofori* und der *Van Swieten Society.*

Er gab Meisterklassen an der *Universidad de Salamanca* und den Musikhochschulen in Den Haag und Amsterdam und war Professor für Musik und Kunstgeschichte an der *Teikyo Universiteit* in Maastricht. Rémy Baudet ist derzeit Konzertmeister des *Orchesters des 18. Jahrhunderts* und schrieb eine Studie über die Geschichte des Geigenspiels zwischen 1770 und 1870. Er konzentriert sich zunehmend auf die Musik des 17. und 18. Jahrhunderts. Seine Zusammenarbeit mit Pieter-Jan Belder begann 2001 mit der Aufnahme von Scarlattis Sonaten für Cembalo und Violine und hat unter anderem eine wachsende Zahl CDs mit Musica Amphion zur Folge, die weltweit Beachtung finden.

Harry van der kamp

EN

Harry van der Kamp studied with Alfred Deller, Pierre Bernac, Max van Egmond and Herman Woltman, at the Sweelinck Conservatorium in Amsterdam, among others. He was a founding member, in 1970, of Cappella Amsterdam, and until 1994 he was both a member and artistic advisor of the Netherlands Chamber Choir.

He enjoys a worldwide reputation as a bass-baritone in the world of early music, and has performed with all the leading specialists in that area. He has appeared in operas ranging from those by Peri and Monteverdi to Viviers and Knaifel, in requiems from Pierre de la Rue to Giuseppe Verdi, and lamentations from Tallis to Strawinsky. Van der Kamp has recorded more than 120

De bas Harry van der Kamp studeerde bij Alfred Deller, Pierre Bernac, Max van Egmond en Herman Woltman, o.a. aan het Sweelinck Conservatorium te Amsterdam. Hij behoorde tot de founding singers (in 1970) van Cappella Amsterdam en was vervolgens twintig jaar in dienst van het Nederlands Kamerkoor (1974-1994), waarvan zeven jaar als artistiek adviseur.

Harry van der Kamp geniet wereldwijde bekendheid als bas-bariton in de barokwereld. Van New York tot Peking trad hij in zijn dertigjarige carrière op met alle leidende specialisten op dat gebied. Als operazanger zong hij in opera's van Peri en Monteverdi tot Viviers en Knaifel, in requiems van Pierre de la Rue tot Giuseppe Verdi, in lamentaties van

Harry van der Kamp. Nach Gesangsstudium am Sweelinck Conservatorium Amsterdam führte seine Gesangs-karrière Harry van der Kamp über die ganze Welt von New York bis Peking, als Oper-, Oratorium-, und Ensemblesänger. In der Welt der Barockmusik hat sich Harry van der Kamp als Bassbariton einen bedeutenden Namen geschaffen. Er sang unter führenden Barockspezialisten wie Gustav Leonhardt, Nikolaus Harnoncourt, und viele ihrer Epigonen. Auf Europäischen und Amerikanischen Bühnen sang er 30 Opernrollen von Monteverdi bis Mozart und im Bereich des 20. Jahrhunderts, von Ezra Pound, Stephan Wolpe, Paul Hindemith, Claude Viviers, Alexander Knaifel und Rob Zuidam. Zahllose Cd's, öfter preisgekrönt, belegen Van der

CDs, including many of the great monologues and solo-cantatas with various labels.

Alongside his teaching and competition jury work throughout the continent, he is one of Europe's leading ensemble singers, having sung with groups such as the Hilliard Ensemble, Les Arts Florissants, Cantus Cölln, Concerto Vocale, Weser Renaissance, Capella Ducale, and the Huelgas Ensemble. He has also appeared with his own Gesualdo Consort in Europe and Canada, performing revolutionary works spanning the sixteenth and twentieth centuries.

Several of his recordings of specialised repertoire have been awarded important prizes. The Sweelinck Monument – a Dutch-language publication of the complete vocal works of Jan Pieterszoon Sweelinck in seventeen CDs and six books – has already received two Edison Klassiek awards. On the occasion of its presentation to Queen Beatrix, Harry van der Kamp was admitted as a Knight in the order of the *Dutch Lion*.

Tallis tot Stravinsky. Hij heeft meer dan 120 cd-opnamen op zijn naam staan.

Er verschenen talrijke grote mono-logen en bas-solocantates bij vele cd-labels. Hij is een van de meest vooraanstaande ensemblezangers in Europa; Met zijn eigen Gesualdo Consort Amsterdam trad hij op in Europa en Canada met revolutio-naire werken van de zestiende tot de twintigste eeuw. Diverse cd-opnamen van uniek repertoire zijn met belangwekkende prijzen be-kroond. Reeds twee Edisons Klas-siek werden in de wacht gesleept voor Het Sweelinck Monument: een Nederlandstalige cd-boekuitgave van de complete vocale werken van Jan Pieterszoon Sweelinck (zeven-tien cd's verdeeld over zes boeken) die onlangs werd aangeboden aan Koningin Beatrix. Harry van der Kamp werd bij deze gelegenheid benoemd tot Ridder in de Orde van de Nederlandse Leeuw.

Kamps expressive Gesangskunst, in Oper, Oratorium, Monolog und Solokantate. Für seine Rolle des Aegées in Lully's Thesée wurde er 2008 Grammy-nominiert. 1970 war er Gründungsmitglied der Cappella Amsterdam, 1974 bis 1994

Mitglied und langjähriger künstleri-scher Berater des Niederländischen Kammerchores. Mit seinem eige-nen Gesualdo Consort Amsterdam bereist er die Welt mit der Haupt-aufgabe das ganze Madrigaloeuvre des 16. und 17. Jahrhunderts zum Klingen zu bringen. Gesualdo's Ma-drigalbücher I, II und III (cpo) und Lacorcia's III. Madrigalbuch (SONY) wurden hochgelobt und preisge-krönt. Die Welterstaufnahme von CPE Bach's Litaneien, Psalmen und Motetten (SONY) erhielt den Echo Klassik 2006. In 2010 hat Harry van der Kamp das zum ersten Mal auf-genommene Gesamtvokaloeuvre des berühmten holländischen Kom-ponisten Jan Pieterszoon Sweelinck als 17-teilige Buch-CD-Ausgabe (Glossa) angeboten an Königin Beat-rix. Er wurde bei diese Gelegenheit von ihr ernannt zum „Ritter im Or-den des Niederländischen Löwens". Dieses „Sweelinck Monument" war 2009 und 2011 Edison Klassik Preis-träger. Harry van der Kamp ist Pro-fessor emeritus an der Hochschule für Künste in Bremen.

Leo van Doeselaar

EN

Leo van Doeselaar studied the organ and piano at the Amsterdam Sweelinck Conservatory. After obtaining his solo degrees, he was awarded the Prix d'Excellence in organ.

Upon the completion of his conservatory training, he specialized in the organ repertoire of the Baroque; he also studied French organ repertoire in Paris under André Isoir and took fortepiano lessons with Malcolm Bilson and Jos van Immerseel.

Leo van Doeselaar appears frequently in concert throughout Europe and the United States; he has also appeared as a soloist and teacher at numerous important Early Music festivals.

NL

Leo van Doeselaar is een veelzijdig musicus, die als organist,pianist en fortepianist een enkele eeuwen omvattend repertoire bestrijkt. Naast zijn "Professur" aan de Universität der Künste in Berlijn heeft hij als organist een grote concert-praktijk opgebouwd in binnen- en buitenland en is hij een veelge-vraagd jurylid en docent bij internationale orgelfestivals.

Ook is Leo van Doeselaar een veel-gevraagd pianist. Al meer dan dertig jaar vormt hij een pianoduo met Wyneke Jordans, speelt veel kamer-muziek en treedt veelvuldig op als liedbegeleider.

Leo van Doeselaar studeerde orgel en piano in Den Haag en Amster-dam. Naast beide solistendiploma's

DE

Leo van Doeselaar ist ein vielseitig Musiker, der als Organist, Klavier- und Fortepianospieler Repertoire mehrerer Jahrhunderten umfasst. Neben seiner Stellung als Professor für künstlerisches Orgelspiel an der Universität der Künste Berlin spielt er als Organist viele Konzerte und ist er oft Juror und Lehrer bei inter-nationalen Orgelfestspielen. Schon mehr als 30 Jahr sind er und Wyne-ke Jordans ein Klavierduo.

Leo van Doeselaar studierte Or-gel und Klavier in Den Haag und Amsterdam. Neben den beiden Solistendiplomen empfing er aus-serdem den Prix d'Excellence für Orgel. Nach seinem Studium ver-tiefte er sich mittels einiger Kurse in "historisches" Orgelspiel, studierte bei André Isoir französisches Orgel-

He has appeared as a continuo player with many baroque ensembles including those led by Philippe Herreweghe, Ton Koopman, Sigiswald Kuyken, Gustav Leonhardt and Andrew Parrott.

In addition to these activities, he is a dedicated chamber music performer on both historic and modern pianos. He also partners Wyneke Jordans in a widely acclaimed duo-piano team, using both historical and modern instruments. The duo frequently appears in concert and has also recorded a dozen CDs.

At the Concertgebouw he played the world premieres of Organ Concertos by Sofia Gubaidulina, Franco Donatoni, Tristan Keuris and Wolfgang Rihm. In 1995 he was appointed professor of organ at the " Universität der Künste" in Berlin.

In addition he is organist of the Van Hagerbeer-organ (1643) of the Leiden Pieterskerk as well as titular organist of the Amsterdam Concertgebouw. In 2007, Leo van Doeselaar received the prestigious 'Jan Pieterszoon Sweelinck' Award for his merits for the organ culture.

behaalde hij de Prix d'Excellence orgel. Na zijn studie verdiepte hij zich in "historisch" orgelspel, studeerde bij André Isoir Frans orgelrepertoire en volgde fortepianolessen bij Malcolm Bilson en Jos van Immerseel.

Als organist van De Nederlandse Bachvereniging werkte Van Doeselaar samen met vele vooraanstaande oudemuziekspecialisten. Hij verleende zijn medewerking aan een groot aantal oudemuziekfestivals in Europa en de Verenigde Staten. Naast talrijke orgelopnamen omvat zijn discografie een negental cd's samen met Wyneke Jordans met repertoire voor piano à quatremains.

Als titulair organist van het Concertgebouw in Amsterdam treedt hij veelvuldig op met gerenommeerde orkesten, ensembles en solisten. Daarnaast is Leo van Doeselaar organist van het Van Hagerbeer-orgel (1643) in de Pieterskerk te Leiden. In 2007 werd hem in de Oude Kerk in Amsterdam de Jan Pieterszoon Sweelinckprijs uitgereikt vanwege zijn verdiensten voor de orgelcultuur.

repertoire und nahm bei Malcolm Bilson und Jos van Immerseel Hammerklavier-Unterricht.

Als Continuospieler hat er mit unterschiedlichen Barockensembles in Westeuropa zusammengearbeitet. Er wirkte an einer grossen Anzahl von Festspielen für Alte Musik in Europa und den USA mit. Neben zahlreichen Orgeleinspielungen umfasst seine Diskographie Aufnahmen zusammen von Repertoire für Klavier à quatre mains mit Wyneke Jordans.

Besonders zum Königlichen Concertgebouworchester und dem Amsterdamer Concertgebouw unterhält er als Titularorganist des Amsterdamer Concertgebouws enge Beziehungen. Er ist Organist-Titulair an der Van Hagerbeer-Orgel (1643) in der St.Pieterskerk in Leiden. In der 'Oude Kerk' in Amsterdam wurde ihm 2007 der Sweelinckpreis verliehen für seinen grossen Verdienst um die niederländische und internationale Orgelkultur

Performers | Uitvoerenden | Ausführenden

Harry van Berne
Tenor | Tenor | Tenor

Stefan Blonk
Horn | Hoorn | Horn

Albert Brüggen
Violoncello | Cello | Cello

Marnix De Cat
Altus| Altus | Altus

Charles Daniels
Tenor | Tenor | Tenor

Jelle Draijer
Bass | Bas | Bass

Peter Frankenberg
Oboe | Hobo | Oboe, Oboe d'amore

Nele Gramß
Soprano | Sopraan | Sopran

Elisabeth Ingen Housz
Violin | Viool | Violin

Kees Koelmans
Violin | Viool | Violin

Hanna Lindeijer
Oboe da caccia

Dorothee Mields
Soprano | Sopraan | Sopran

Franc Polman
Violin | Viool | Violin

Susanne Regel
Oboe | Hobo | Oboe, Oboe d'amore

Staas Swierstra
Viola | Altviool | Bratsche

Marinette Troost
Violin | Viool | Violin

Margaret Urquhart
Double bass | Contrabas | Kontrabas

Tomasz Wesolowski
Bassoon | Fagot | Fagott

Terry Wey
Altus | Altus | Altus

Hanneke Wierenga
Violin | Viool | Violin

Sayuri Yamagata
Violin | Viool | Violin

Teunis van der Zwart
Horn | Hoorn | Horn

Performers | Uitvoerenden | Ausführenden

Gesualdo Consort Amsterdam & Musica Amphion

General musical direction | Algehele muzikale leiding | Algemeine musikalische Leitung

Pieter-Jan Belder [www.pieterjanbelder.nl]

Gesualdo Consort Amsterdam

Soprano | Sopraan | Sopran

Dorothee Mields

Nele Gramß (BWV 93:1,7, BWV 228)

Altus | Altus | Altus

Terry Wey [www.terrywey.com]

Marnix De Cat (BWV 93:1,7, BWV 228)

Tenor | Tenor | Tenor

Charles Daniels

[www.charles-daniels-society.org.uk]

Harry van Berne (BWV 93:1,7, BWV 228)

[www.berwo.nl]

Bass | Bas | Bass

Harry van der Kamp [www.harryvanderkamp.nl]

Jelle Draijer (BWV 93:1,7, BWV 228)

Musica Amphion

Artistic directors | Artistiek leiders | Künsterliche Leiter

Pieter-Jan Belder & Rémy Baudet

Violin I | Viool I | Violin I

Rémy Baudet

Sayuri Yamagata

[www.sayuriyamagata-violin.simpsite.nl]

Elisabeth IngenHousz

Violin II | Viool II | Violin II

Kees Koelmans [www.corneliskoelmans.nl]

Franc Polman

Hanneke Wierenga

Viola | Altviool | Bratsche

Staas Swierstra

Marinette Troost

Violoncello | Cello | Cello

Albert Brüggen

Double bass | Contrabas | Kontrabass

Margaret Urquhart

Oboe | Hobo | Oboe / Oboe d'amore

Susanne Regel [www.susanneregel.com]

Peter Frankenberg

Oboe da caccia

Hanna Lindeijer

Bassoon | Fagot | Fagott

Tomasz Wesolowski

Horn | Hoorn | Horn

Teunis van der Zwart [www.teunisvanderzwart.nl]

Stefan Blonk

Harpsichord | Klavecimbel | Cembalo

Pieter-Jan Belder

Organ | Orgel | Orgel

Leo van Doeselaar [www.leovandoeselaar.com]

CD Tracks

Johann Sebastian Bach

[1]	Präludium in G-Dur BWV 568	3'06

Kantate *Wer nun den lieben Gott lässt walten* BWV 93

[2]	1. Coro *Wer nur den lieben Gott lässt walten*	5'03
[3]	2. Recitativo *Was helfen uns die schweren Sorgen*	1'47
[4]	3. Aria *Man halte nur ein wenig stille*	2'55
[5]	4. Aria duetto *Er kennt die rechten Freudenstunden*	2'26
[6]	5. Recitativo *Denk nicht in deiner Drangsalshitze*	2'22
[7]	6. Aria *Ich will auf den Herren schaun*	2'27
[8]	7. Choral *Sing, bet und geh auf Gottes Wegen*	0'58

[9]	Motette *Fürchte dich nicht* BWV 228	8'17

Kantate *Schau, lieber Gott, wie meiner Feind* BWV 153

[10]	1. Choral *Schau, lieber Gott, wie meine Feind*	0'52
[11]	2. Recitativo *Mein liebster Gott, ach lass dichs doch erbarmen*	0'33
[12]	3. Arioso *Fürchte dich nicht*	1'39
[13]	4. Recitativo *Du spricht zwar, lieber Gott*	1'34
[14]	5. Choral *Und ob gleich alle Teufel*	1'00
[15]	6. Aria *Stürmt nur, stürmt, ihr Trübsalswetter*	2'12
[16]	7. Recitativo *Getrost! Mein Herz*	1'27
[17]	8. Aria *Soll ich meinen Lebenslauf*	2'13
[18]	9. Choral *Drum will ich, weil ich lebe noch*	1'12

[19]	Choral *Wer nur den lieben Gott lässt walten* BWV 647	3'03

Kantate *Siehe, ich will viel Fischer aussenden* BWV 88

[20]	1. Aria *Siehe, ich will viel Fischer aussenden*	5'22
[21]	2. Recitativo *Wie leichtlich könnte doch der Höchste uns entbehren*	0'43
[22]	3. Aria *Nein, nein!*	3'14
[23]	4a. Recitativo *Jesus sprach zu Simon*	0'09
[24]	4b. Arioso *Fürchte dich nicht*	1'45
[25]	5. Aria (Duetto) *Beruft Gott selbst, so muss der Segen*	3'31
[26]	6. Recitativo *Wass kann dich denn in deinem Wandel schrecken*	1'20
[27]	7. Choral *Sing, bet und geh auf Gottes Wegen*	0'56

[28]	Passacaglia in c-moll BWV 582	13'45

Total time 76'06

Bach in Context CD books

Previous & upcoming releases:

Jesu meine Freude
Johann Sebastian Bach (1685-1750)
Prelude in E minor BWV 548
Cantata *Sehet, welch eine Liebe hat uns der Vater erzeiget* BWV 64
Fantasia *Jesu meine Freude* BWV 713
Motet *Jesu Meine Freude* BWV 227
Cantata *Jesus schläft, was soll ich hoffen* BWV 81
Fugue in E minor BWV 548

Bach & Luther
Johann Sebastian Bach (1685-1750)
Dorian Toccata in D minor BWV 538
Cantata *Ein Feste Burg ist Unser Gott* BWV 80
Choral Prelude *Dies sind die heil'gen zehn Gebot* BWV 678
Johann Christoph Bach (1642-1703)
Motet *Merk auf, mein Herz, und sieh dorthin*
Johann Sebastian Bach
Choral Prelude *Christ lag in Todesbanden* BWV 695
Cantata *Christ lag in Todesbanden* BWV 4
Fugue in D minor BWV 538

Early 2014 the 4th CD-book in this series will appear:
Vater unser
Johann Sebastian Bach (1685-1750)
Prelude in C BWV 545
Cantata *Herr, deine Augen sehen nach dem Glauben* BWV 102
Choral *Prelude Vater unser im Himmelreich* BWV 682
Motet *Der Geist hilft unser Schwachheit auf* BWV226
Choral Prelude *Vater unser im Himmelreich* BWV 737
Cantata *Nimm von uns Herr, du treuer Gott* BWV 101
Fugue in C BWV 545

www.bachincontext.nl | www.lyronerecords.com

For the complete discographies of Musica Amphion and the Gesualdo
Consort Amsterdam: www.musica-amphion.nl & www.gesualdoconsort.nl

Bach Contextueel cd-boeken

Reeds verschenen en verwachte releases:

Jesu meine Freude
Johann Sebastian Bach (1685-1750)
Preludium in e BWV 548
Cantate *Sehet, welch eine Liebe hat uns der Vater erzeiget* BWV 64
Fantasia *Jesu meine Freude* BWV 713
Motet *Jesu Meine Freude* BWV 227
Cantate *Jesus schläft, was soll ich hoffen* BWV 81
Fuga in e BWV 548

Bach & Luther
Johann Sebastian Bach (1685-1750)
Toccata in d BWV 538
Cantate *Ein feste Burg ist Unser Gott* BWV 80
Orgelkoraal *Dies sind die heil'gen zehn Gebot* BWV 678
Johann Christoph Bach (1642-1703)
Motet *Merk auf, mein Herz, und sieh dorthin*
Johann Sebastian Bach
Orgelkoraal *Christ lag in Todesbanden* BWV 695
Cantate *Christ lag in Todesbanden* BWV 4
Fuga in d BWV 538

Begin 2014 verschijnt het vierde CD-boek in deze serie:
Vater unser
Johann Sebastian Bach (1685-1750)
Preludium in C BWV 545
Cantate *Herr, deine Augen sehen nach dem Glauben* BWV 102
Orgelkoraal *Vater unser im Himmelreich* BWV 682
Motet *Der Geist hilft unser Schwachheit auf* BWV 226
Orgelkoraal *Vater unser im Himmelreich* BWV 737
Cantate *Nimm von uns Herr, du treuer Gott* BWV 101
Fuga in C BWV 545

www.bachincontext.nl | www.lyronerecords.com

Voor de volledige discografieën van Musica Amphion en het Gesualdo
Consort Amsterdam: www.musica-amphion.nl & www.gesualdoconsort.nl

Bach im Kontext CD-Bücher

Erschienene und erwartete Veröffentlichungen

Jesu meine Freude
Johann Sebastian Bach (1685-1750)
Präludium in e-moll BWV 548
Kantate *Sehet, welch eine Liebe hat uns der Vater erzeiget* BWV 64
Fantasia *Jesu meine Freude* BWV 713
Motette *Jesu meine Freude* BWV 227
Kantate *Jesus schläft, was soll ich hoffen* BWV 81
Fuge in e-moll BWV 548

Bach & Luther
Johann Sebastian Bach (1685-1750)
Dorische Toccata in d-moll BWV 538
Kantate *Ein' feste Burg ist unser Gott* BWV 80
Orgelchoral *Dies sind die heil'gen zehn Gebot* BWV 678
Johann Christoph Bach (1642-1703)
Motette *Merk auf, mein Herz, und sieh dorthi*n
Johann Sebastian Bach
Orgelchoral *Christ lag in Todesbande*n BWV 695
Kantate *Christ lag in Todesbanden* BWV 4
Fuge in d-moll BWV 538

Anfang 2014 wird das vierte CD-Buch in dieser Reihe erscheinen:
Vater unser
Johann Sebastian Bach (1685-1750)
Präludium in C-Dur BWV 545
Kantate *Herr, deine Augen sehen nach dem Glauben* BWV 102
Orgelchoral *Vater unser im Himmelreich* BWV 682
Motette *Der Geist hilft unser Schwachheit auf* BWV 226
Orgelchoral *Vater unser im Himmelreich* BWV 737
Kantate *Nimm von uns Herr, du treuer Gott* BWV 101
Fuge in C-Dur BWV 545

www.bachincontext.nl | www.lyronerecords.com

Für die vollständige Diskographie von Musica Amphion und das Gesualdo
Consort Amsterdam: www.musica-amphion.nl | www.gesualdoconsort.nl

Support

In the days of our beloved composers, art and culture were funded by royals, churches, and noblemen. We like to see the Friends of Musica Amphion as the kings of our times! Thanks to the support of our benefactors we can continue to realise special projects.

Would you like to support us, visit www.bachincontext.nl.
Support the project. Thank you.

Ondersteuning

In de tijd waarin de door ons zo geliefde componisten leefden, werden kunst en cultuur gefinancierd door koning, kerk en adel. De Vrienden van Musica Amphion zijn de koningen van ónze tijd! Zo beschouwen wij onze Vrienden in elk geval graag. Dankzij de steun van donateurs kunnen wij Bach Contextueel (blijven) realiseren.

Wilt u ons steunen, kijk dan op www.bachcontextueel.nl.
Steun het project. Dank u wel!

Unterstützung

Zu Lebzeiten der von uns so verehrten Komponisten wurden Kunst und Kultur von König, Kirche und Adel finanziert. Die Unterstützer von Musica Amphion sind die Könige unserer heutigen Zeit! So sehen wir unsere Freunde zumindest gern. Dank deren Zuwendungen können wir Bach im Kontext am Leben erhalten.

Wenn Sie uns unterstützen möchten, finden Sie mehr Informationen auf www.bachincontext.nl. Vielen Dank für Ihre Hilfe!

foundation

MWH Foundation is main sponsor of Bach in Context.

MWH Foundation is hoofdsponsor van Bach Contextueel.

MWH Foundation ist der Hauptsponsor von Bach im Kontext.

Besides the following parties support Bach in Context:

Daarnaast ondersteunen de volgende partijen Bach Contextueel op financiële en/of materiële wijze:

Ausserdem unterstützen nachfolgende Parteien Bach im Kontext auf finanzielle und/oder materielle Weise:

Henk Stoel Kampen

Patrons of | Vrienden van | Freunden von:

Credits | Colofon

Executive producer
Musica Amphion & Gesualdo Consort
Amsterdam
Managing director
Erik van Lith
Production manager
Pascal Baudet
Recording location
Waalse Kerk, Amsterdam
Recording dates
9-12 June, 2013
Recording engineer & Editing
Peter Arts
Grafic Design
romanONTWERP, Roman E. Jans
www.romanontwerp.nl
Photos
Annelies van der Vegt
(p 23, 37, 51, 53, 86-87, 89, 96, 100, 104, 108,
112-113, 116-117)
Hans Hijmering (p 93)

Translations lyrics
English:
Philip Ambrose
BWV 88, 93, 153, 228
Nederlands:
Jan Smelik BWV 88, 153, 228
Leo de Leeuw BWV 93

Musica
Amphion
info@musica-amphion.nl
www.musica-amphion.nl

gesualdo
consort
amsterdam
info@gesualdoconsort.nl
www.gesualdoconsort.nl

Lyrone RECORDS
info@lyronerecords.com
www.lyronerecords.com

www.bachcontextueel.nl
www.bachincontext.nl